Minerva Shobo Librairie

# はじめて学ぶ
# 生徒指導とキャリア教育

[第2版]

長島明純

[編著]

ミネルヴァ書房

# 第2版に添えて

　本書は，2010年に公表された「生徒指導提要」（以下，『提要』と略記する）が12年ぶりに改訂されたことを受け，第2版としてまとめられました。

　『提要』が改訂された背景には，子ども，学校を取り巻く状況の複雑化や多様化し，また「いじめ防止対策推進法」をはじめ関連法令が整備されるなど状況が大きく変化したことが挙げられます。改訂された『提要』（以下，『提要改訂版』と略記する）では，生徒指導の基本的な考え方や取組の方向性等を再整理するとともに，今日的な課題に対応していく方途が解説されています。

　『提要改訂版』では，課題予防・早期対応など課題に対応する側面だけでなく，児童生徒の発達を支援する生徒指導の側面に着目し，その指導の在り方や考え方について説明が加えられています。問題が起きてから事後に対応する生徒指導が「消極的な生徒指導」であるとすれば，新たな『提要改訂版』がめざすのは「積極的な生徒指導」といえるでしょう。そしてそのために，すべての児童生徒への生徒指導を基盤とした重層的支援，チーム学校による生徒指導と支援チーム体制が強調されています。

　『提要改訂版』では，生徒指導の定義として，「生徒指導とは，児童生徒が，社会の中で自分らしく生きることができる存在へと自発的・主体的に成長や発達する過程を支える教育活動のことである。なお，生徒指導上の課題に対応するために，必要に応じて指導や援助を行う」と解説されています。このように，児童生徒を主語として位置づけ，子どもたちが自ら成長・発達していこうとする存在であることを信頼し，その成長・発達の道筋を「支える」立場が示されています。

　こうした変化の背景には，「児童の権利に関する条約」，「こども基本法」の影響があると考えられます。これらを踏まえて，子どもたちの最善の利益を追求し，生存や発達を最大限確保しようとすると，生徒指導は必然的に，子どもたちの成長・発達を支えようとする関わりになるはずです。

これまでの生徒指導には，問題行動をとる子どもの「統制」というイメージをもたれることも多かったと思います。そうした生徒指導のイメージを払拭し，子どもの人権を尊重した生徒指導へと転換していこうとの姿勢がこめられていると考えられます。たとえば，"時代にそぐわない"と問題視されてきた「校則」について，校則を学校のホームページ等で公開すること，校則を制定した背景について示すこと，校則を見直す場合にどのような手続きを踏むべきか，その過程を示すこと，が解説されています。

　また，教員の不適切な指導によって子どもが自殺に追い込まれたとする，いわゆる"指導死"についても，改訂された『提要』には不適切な指導例が示され，「指導を行った後には，児童生徒を一人にせず，心身の状況を観察するなど，指導後のフォローを行うことが大切」という一文も書き加えられています。

　加えて「チーム学校」という概念も掲載されています。子どもに関わる課題が複雑で多様になる中，生徒指導には教員だけでなく学校外の専門家や地域の大人とも協力して取り組む必要があると示されています。

　『提要改訂版』はデジタルテキストとして公開されており，その活用ガイドも掲載されています。本書とともに活用してください。

　文部科学省　生徒指導提要（改訂版）
　https://www.mext.go.jp/a_menu/shotou/seitoshidou/1404008_00001.htm

2024年1月31日
編者識す

| 各　　　章 | 教職課程コアカリキュラム（一般目標と到達目標）<br>（　）は一般目標を，○は到達目標をそれぞれ示す。 |
| --- | --- |
| 第1章<br>生徒指導の基礎 | 【「生徒指導の理論及び方法」の一般目標と到達目標】<br>（1）生徒指導の意義や原理を理解する。<br>　①教育課程における生徒指導の位置付けを理解している。<br>　②集団指導・個別指導の方法原理を理解している。<br>　③生徒指導体制と教育相談体制それぞれの基礎的な考え方と違いを理解している。 |
| 第2章<br>生徒指導と教育課程 | 【「生徒指導の理論及び方法」の一般目標と到達目標】<br>（1）生徒指導の意義や原理を理解する。<br>　①教育課程における生徒指導の位置付けを理解している。<br>　②各教科・道徳教育・総合的な学習の時間・特別活動における生徒指導の意義や重要性を理解している。 |
| 第3章<br>チーム学校による生徒指導体制 | 【「生徒指導の理論及び方法」の一般目標と到達目標】<br>（2）すべての児童及び生徒を対象とした学級・学年・学校における生徒指導の進め方を理解する。<br>　①学級担任，教科担任その他の校務分掌上の立場や役割並びに学校の指導方針及び年間指導計画に基づいた組織的な取組の重要性を理解している。<br>　②基礎的な生活習慣の確立や規範意識の醸成等の日々の生徒指導の在り方を理解している。<br>　③児童及び生徒の自己の存在感が育まれるような場や機会の設定の在り方を例示することができる。 |
| 第4章<br>個別の課題に対する生徒指導 | 【「生徒指導の理論及び方法」の一般目標と到達目標】<br>（3）児童及び生徒の抱える主な生徒指導上の課題の様態と，養護教諭等の教職員，外部の専門家，関係機関等との校内外の連携等も含めた対応の在り方を理解する。<br>　①校則・懲戒・体罰等の生徒指導に関する主な法令の内容を理解する。※高等学校教諭においては停学及び退学を含む。<br>　②暴力行為・いじめ・不登校等の生徒指導上の課題の定義及び対応の視点を理解する。<br>　③インターネットや性に関する課題，児童虐待への対応等の今日的な生徒指導上の課題や，専門家や関係機関との連携の在り方を理解する。<br>【「生徒指導の理論及び方法」の一般目標と到達目標】<br>（2）すべての児童及び生徒を対象とした学級・学年・学校 |

| | |
|---|---|
| | における生徒指導の進め方を理解する。 |
| | ①学級担任，教科担任その他の校務分掌上の立場や役割並びに学校の指導方針及び年間指導計画に基づいた組織的な取組の重要性を理解している。 |
| | ②基礎的な生活習慣の確立や規範意識の醸成等の日々の生徒指導の在り方を理解している。 |
| | ③児童及び生徒の自己の存在感が育まれるような場や機会の設定の在り方を例示することができる。 |
| | 【「教育相談の理論及び方法」の一般目標】 |
| | （1）学校における教育相談の意義と理論を理解する。 |
| | （2）教育相談を進める際に必要な基礎的知識（カウンセリングに関する基礎的事項を含む）を理解する。 |
| | （3）教育相談の具体的な進め方やそのポイント，組織的な取り組みや連携の必要性を理解する。 |
| | 【教職課程コアカリキュラム「特別の支援を必要とする幼児，児童及び生徒に対する理解」の一般目標】 |
| | （1）特別の支援を必要とする幼児，児童及び生徒の障害の特性及び心身の発達を理解する。 |
| | （2）特別の支援を必要とする幼児，児童及び生徒に対する教育課程や支援の方法を理解する。 |
| | （3）障害はないが特別の教育的ニーズのある幼児，児童及び生徒の学習上又は生活上の困難の対応を理解する。 |
| 第5章<br>生徒指導とキャリア教育 | 【「進路指導及びキャリア教育の理論及び方法」の一般目標と到達目標】 |
| | （1）進路指導・キャリア教育の意義や原理を理解する。 |
| | ①教育課程における進路指導・キャリア教育の位置付けを理解している。 |
| | ②学校の教育活動全体を通じたキャリア教育の視点と指導の在り方を例示することができる。 |
| | ③進路指導・キャリア教育における組織的な指導体制及び家庭や関係機関との連携の在り方を理解している。 |
| 第6章<br>社会参加学習 | 【「進路指導及びキャリア教育の理論及び方法」の一般目標と到達目標】 |
| | （2）すべての児童生徒を対象とした進路指導・キャリア教育の考え方と指導の在り方を理解する。 |
| | ①職業に関する体験活動を核とし，キャリア教育の視点を持ったカリキュラム・マネジメントの意義を理解している。 |
| | ②主に全体指導を行うガイダンスの機能を生かした進路指 |

| | 導・キャリア教育の意義や留意点を理解している。 |
|---|---|
| 第7章<br>キャリア発達とキャリア・<br>カウンセリング | 【「進路指導及びキャリア教育の理論及び方法」の一般目標と到達目標】<br>（3）児童及び生徒が抱える個別の進路指導・キャリア教育上の課題に向き合う指導の考え方と在り方を理解する。<br>①生涯を通じたキャリア形成の視点に立った自己評価の意義を理解し，ポートフォリオの活用の在り方を例示することができる。<br>②キャリア・カウンセリングの基礎的な考え方と実践方法を説明することができる。 |

はじめて学ぶ生徒指導とキャリア教育［第2版］　目　次

# 第1章

# 生徒指導の基礎

　学校生活を通じて，「もっと学びたい」と感じた経験は，一時的かもしれないが，あるのではないかと思う。しかし，「もっと生徒指導（生活指導）を受けたい」という気持ちになったことはないのではないだろうか。

　これは生徒指導の実際やイメージによるところが大きいと思われる。その生徒指導のイメージとは，できるだけ受けたくないネガティブなもの，つまり，校則による取り締まりなど過度に厳格な指導，問題行動対策など後追いに終始する指導といったものであろう。しかし，そのような指導ができるようになるために，生徒指導について学ぶのだろうか。決してそうではないはずである。

　目指すべきは，本来の，それは同時に新たな生徒指導のあり方について考えていくことであり，生徒指導の充実とは，決して単なる「厳格化」を意味するわけではないのである。本章では，積極的な生徒指導のあり方について考えるための基本的な観点を解説し全体の導入に代えたい。

## 1　生徒指導の意義

### 1．生徒指導の定義と目的

　2022年12月に改訂された『生徒指導提要』（以下，『提要改訂版』と略記する）では，生徒指導は，学習指導と並んで学校教育において重要な意義をもつものされ，その定義が示されている。

> 　生徒指導とは，児童生徒が，社会の中で自分らしく生きることができる存在へと，自発的・主体的に成長や発達する過程を支える教育活動のことである。なお，生徒指導上の課題に対応するために，必要に応じて指導や援助を行う。

　その上で，中央教育審議会（2021）の「『令和の日本型学校教育』の構築を目指して〜全ての子供たちの可能性を引き出す，個別最適な学びと，協働的な学びの実現〜」と題する答申を踏まえて，生徒指導の目的が示されている。

> 　生徒指導は，児童生徒一人一人の個性の発見とよさや可能性の伸長と社会的資質・能力の発達を支えると同時に，自己の幸福追求と社会に受け入れられる自己実現を支えることを目的とする。

　以上のように，生徒指導は，児童生徒が自身を個性的存在として認め，自己に内在しているよさや可能性に自ら気付き，引き出し，伸ばすと同時に，社会生活で必要となる社会的資質・能力を身に付けられるように支援する積極的な機能である。こうした生徒指導の目的を達成するために，『提要改訂版』では，児童生徒一人一人が自己指導能力を身に付けることの重要性が示されている。この自己指導能力とは，児童生徒が，深い自己理解に基づき，「何をしたいのか」,「何をするべきか」,主体的に問題や課題を発見し，自己の目標を選択・設定して，この目標の達成のため，自発的・自律的，かつ他者の主体性を尊重しながら，自らの行動を決断し実行する力を意味する。

## 2．生徒指導の実践上の視点

　自己指導能力とは，『提要改訂版』の前身である，文部省（当時，1965）の「生徒指導の手びき」から引き継がれている考え方であり，その依拠するところはガイダンス理論である。ガイダンス理論を推進したトラックスラー（Traxler, A. E.）は，「理想的に考えると，ガイダンスとは，各個人に，自己の能力と興味を理解させ，できるだけそれを発達させ，それを生活の目標に結びつけ，究極には民主的社会の望ましい市民として完全な成熟した自己指導の状態に到達させることである」（トラックスラー，1946：5）。本人に代わって選択

や問題解決をしてあげるのではなく，自分で選択し解決できるよう助け，自己指導ができるようにする——この手間のかかる二重性に生徒指導，ひいては教育に固有の論理がある（牛田，2013）。その上に，社会の形成者としての資質・能力を培う観点が重要となる。すなわち，目指すべきは，児童生徒の社会的な自己実現につながる自己指導能力の育成であろう。

　自己実現については，様々な理論的展開がある。マズロー（Maslow, A.）は，欲求の階層構造における成長欲求として自己実現の欲求を論じた。また，ロジャーズ（Rogers, C. R.）は，ヒューマン・センタード・カウンセリングにおける人間の潜在的可能性として，自己実現傾向と名付けた。さらに，ユング（Jung, G.）は，意識的な自我と，普遍的無意識に潜在する自己が相互作用して自己の内に潜在している可能性を実現し，その自我を高次の全体性へと高まる過程を自己実現（もしくは個性化）の過程と呼んだ。すなわち，自己実現には，主体性と独自性が含まれている。人間は本来，かけがえのない自分という意識をもち，かけがえのない自分を自ら創り出していくことができる存在なのである。同時に，自己存在感とも関連し，他者に認めてもらえる自己実現であるとともに，他者の自己実現を認め，両者が調和してこそ本当の自己実現であろう。

　自己指導能力の育成を支える生徒指導に取り組む上で眼目とすべき点として，『提要改訂版』では次の諸点が挙げられている（詳細は第2章2節「教科の指導と生徒指導の一体化」）。

## ① 自己存在感の感受

　児童生徒の学校生活は，主に集団一斉型か小集団型で展開されるため，個が集団に埋没することが危惧される。そこで，学校生活において個々の児童生徒が「一人の人間として大切にされている」という自己存在感を実感することは基底的な重要性を有する。一人ひとりの児童生徒は，集団内での比較の上に成り立つ相対的な存在ではなく，かけがえのない絶対的な存在として尊重されるべき存在である。自己存在感は，ありのままの自分を肯定的に捉える自己肯定感，他者のために役立ち認められたという自己有用感を育むことにも重なるところがある。感謝し感謝される「ありがとう」が明日を生きる力になる。

## ② 共感的な人間関係の育成

　生徒指導の土台である学級経営・ホームルーム経営の焦点は，教職員と児童生徒，児童生徒同士の出会いから始まる生活集団を，どのようにして認め合い・励まし合い・支え合える学習集団に変えていくのかという点にある。そのためには，自他の個性を尊重し，相手の立場に立って考え，行動できる相互扶助的で共感的な人間関係をいかに早期に創りあげるかが重要である。共感は，共感的理解，共感的人間関係というように展開されるが，一貫しているのは，わからないとあきらめ傍観する姿勢ではない。同時にわかったと決めつける姿勢でもない。ことの善し悪しを超えて，どこまでもわかろうと寄り添い続ける姿勢のことである。具体的にはよく「聴く」ことに外ならない。教室に「聴き合う」関係を醸成することが眼目となる。

## ③ 自己決定の場の提供

　児童生徒が自己指導能力を獲得するには，自己決定の場を提供することが肝要となる。たとえば授業場面では，自らの意見を述べる，観察・実験・調べ学習等を通じて自己の仮説を検証してレポートする等，自ら考え，選択し，決定する，あるいは発表する，制作する等の体験が何より大きな意味をもつ。自己決定は，モチベーションにとって重要な要素である。その決定とは「何を」にとどまらず，「何のために，どんな理由で」についての自己決定を促すことが重要である。自己決定とはいっても，学校という場では他の児童生徒の自己決定も尊重されなくてはならない。そこには当然葛藤が生じることになる。その葛藤を共通の問題として，解決に向け互いに努力する過程に自己指導能力が培われていくのである。

## ④ 安全・安心な風土の醸成

　児童生徒一人一人が，個性的な存在として尊重され，学級経営・ホームルーム経営で安全かつ安心して教育を受けられるように配慮する必要がある。他者の人格や人権をおとしめる言動，いじめ，暴力行為などは，決して許されるものではない。そのためには，教職員による児童生徒への配慮に欠けた言動，暴

言や体罰等が許されないことは言うまでもない。この点，「自分の意見を発表」「自分とちがう意見をきく」「多様な意見」など，学習者に「開かれた教室風土（open classroom climate）」を保障することが市民性教育にとって重要である（大脇，2022）。

### ⑤　児童生徒一人ひとりの"人間"を観るまなざし

　生徒指導を含めて教育は，人間対人間の関係において成り立つ営為である。ここに「児童生徒一人ひとりの"人間"を観るまなざし」という意味での人間観の重要性がある。人間観の深化・更新は教師にとって切実な課題である。そしてここに，教師の自己理解の重要性が示唆される（吉川，2016）。このような意味での人間観を見失ってしまうと，生徒指導の実践を表層的・短期的な結果でしか判断できなくなり，結果のためには手段を選ばないということに陥ってしまいかねない。また，善い行い，悪い行いなどと固定的・概念的な判断に縛られかねない。こうした抽象化の精神を乗り越えるには，児童生徒一人ひとりの人間的な成長にまなざしを向ける姿勢を貫くことであり，それは，教師自身の人間観の成長過程でもある。「生徒一人ひとりの人間を観るまなざし」というように，普遍的な人間観に根ざした姿勢であってこそ，一人ひとりの児童生徒とのふれあいも可能になるのであろう。

## 3.　生徒指導の連関性
### ①　生徒指導とキャリア教育

　生徒指導と同様に，児童生徒の社会的自己実現を支える教育活動としてキャリア教育がある。生徒指導を進める上で，両者の相互作用を理解して，一体となった取組を行うことが重要である。詳細は本書の第5章で解説されている。

### ②　生徒指導と教育相談

　『提要改訂版』の第Ⅱ部では，「個別の課題に対する生徒指導」（本書の第4章）が解説されており，教育相談はこれらと関連が深い。教育相談は，生徒指導の一環として位置づけられるものであり，その意味で，教育相談は，現代の

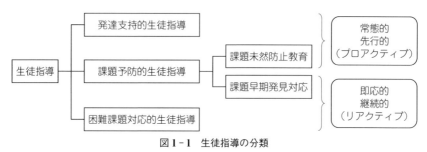

図1-1　生徒指導の分類

児童生徒の個別性・多様性・複雑性に対応する生徒指導の中心的な教育活動である（第3章3節「教育相談体制」を参照）。

## *2*　生徒指導の構造

### 1.　生徒指導の分類

　『提要改訂版』において，生徒指導は，教員・専門家がチームで組織的に取り組む包括的な教育活動であることを念頭に，多層的な構造が考えられている。ここには，学校心理学における3段階の心理教育的援助サービスのモデル（水野・石隈他，2013），包括的生徒指導モデルに基づくマルチレベルアプローチ（栗原，2017）が理論的な背景になっていると考えられる。

　より具体的には，図1-1のように，児童生徒の課題への対応を時間軸や対象，課題性の観点から類別し構造的に示されている。まず，児童生徒の課題への対応の時間軸に着目すると，図1-1の右端のように2つの軸が示されている。「常態的・先行的（プロアクティブ）生徒指導」とは，日常の生徒指導を基盤とする発達支持的生徒指導と，組織的・計画的な課題未然防止教育であり，積極的な先手型の生徒指導といえる。「即応的・継続的（リアクティブ）生徒指導」とは，課題の予兆的段階や初期状態における指導・援助を行う課題早期発見対応と，深刻な課題への切れ目のない指導・援助を行う困難課題対応的生徒指導であり，即応する事後対応型の生徒指導といえる。

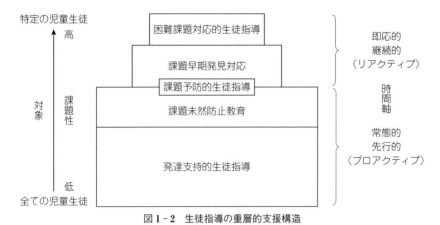

図1-2　生徒指導の重層的支援構造

## 2. 生徒指導の重層的支援構造——皆が資源，皆で支援

　図1-2は，図1-1の2軸3類に加えて，生徒指導の対象となる児童生徒の範囲から，全ての児童生徒を対象とした第1層「発達支持的生徒指導」と第2層「課題予防的生徒指導：課題未然防止教育」，一部の児童生徒を対象とした第3層「課題予防的生徒指導：課題早期発見対応」，そして，特定の生徒を対象とした第4層「困難課題対応的生徒指導」の4層から成る生徒指導の重層的支援構造を示している（第3章3節「教育相談活動の全校的展開」）。

## 3. 発達支持的生徒指導——育てる生徒指導

　問題がなければ生徒指導は必要ないということではない。ここで，生徒指導の目的は児童生徒の「個性の発見とよさや可能性の伸長と社会的資質・能力の発達を支える」ことにあることを再確認したい。成長を促す発達支持的生徒指導は，全ての児童生徒を対象に，学校の教育目標の実現に向けて，日常的な教育活動全般を通じて進められ，生徒指導の基盤となるものである。

## 4. 課題予防的生徒指導：課題未然防止教育——守る生徒指導

　課題予防的生徒指導は，課題未然防止教育と課題早期発見対応から成る。課題未然防止教育は，全ての児童生徒を対象に，生徒指導の諸課題の未然防止を

ねらいとした教育プログラムの実施などが含まれる。たとえば，いじめ防止教育，SOSの出し方教育を含む自殺予防教育，薬物乱用防止教育，情報モラル教育，非行防止教室等などが該当する。具体的には，"育てるカウンセリング"とも言われるサイコエジュケーション（心理教育）の手法が様々考案されており，課題未然防止とともに発達支持的生徒指導の意味でも活用できる。

### 5. 課題予防的生徒指導：課題早期発見対応——見守る生徒指導

課題早期発見対応では，課題の予兆行動が見られたり，問題行動のリスクが高まったりするなど，気になる一部の児童生徒を対象に，深刻な問題に発展しないように，初期の段階で諸課題を発見し対応する。

早期発見では，いじめアンケートや，SC（スクールカウンセラー）やスクールソーシャルワーカー（以下「SSW」と略記する）を交えたスクリーニング会議によって気になる児童生徒を早期に見いだして，指導・援助につなげるなどが考えられる。また，早期対応では，課題にもよるが，学級・ホームルーム担任が生徒指導主事等と協力して，機動的に課題解決を行う機動的連携型支援チームで対応することになる。

### 6. 困難課題対応的生徒指導——立て直す生徒指導

困難課題対応的生徒指導においては，その必要に応じて，校内連携型支援チームを編成したり，校外の専門家を有する関係機関と連携・協働したネットワーク型支援チームを編成したりして対応する。困難課題の背景には様々な要因が絡んでいることを十分に理解した上で，課題に応じて校内連携型支援チームや，校外の関係機関等とのネットワーク型支援チームを編成して，計画的・組織的・継続的な指導・援助を行うことが求められる。

中長期的には，喫緊の事態が起きてからの対応以上に，どうすれば起きないようになるのかという点に注力することが重要である。つまり，発達支持的ならびに課題予防的生徒指導（課題未然防止教育）の在り方を改善していくことが，諸課題の未然防止や再発防止につながるのである。このように，課題早期発見対応や困難課題対応的生徒指導を広い視点から捉え直し，発達支持的生徒

指導につなげるという円環的な関係を構築していくことが肝要である。その意味からも，これからの生徒指導においては，特に常態的・先行的（プロアクティブ）な生徒指導の創意工夫が一層求められる。

## *3*　生徒指導の方法

### 1.　児童生徒理解——まなざしのデザイン

　"生徒指導は，児童生徒理解に始まり，児童生徒理解に終わる" と言われる。『提要改訂版』でも生徒指導の方法の筆頭に児童生徒理解が挙げられている。生徒指導において児童生徒理解は，単に教職員が児童生徒を理解すること以上の意味がある。確かに教職員が一人ひとりの児童生徒を理解することもそうだが，児童生徒相互の理解，さらには自己指導能力の育成という生徒指導の眼目を考えれば児童生徒の自己理解，加えて教職員自身の自己理解，これらは互いに関連しており，理解を深めるプロセスに生徒指導の充実があるといえよう。

　しかし，経験のある教職員であっても，児童生徒一人一人の家庭環境，生育歴，能力・適性，興味・関心等を把握することは非常に難しい。いじめや児童虐待などの未然防止においては，教職員の児童生徒理解の深さが鍵となる。そこで，児童生徒理解は，心理面のみならず，学習面，社会面，健康面，進路面，家庭面から総合的に行うことがポイントの一つであろう。また，学年担当や教科担任等，養護教諭，SC，SSW など，広く複眼的に児童生徒理解を行うことが大切である。この他，アンケート調査等のデータに基づく客観的な理解の方法がある。客観的な外側からの理解とともに，教育相談では，一人の人間対人間という平等な関係を前提として，善悪などの条件をつけることなく児童生徒の内なる心の声に耳を傾け，どこまでも寄り添って理解し続けようとする共感的理解が鍵を握っている。同時に，教職員が自身や学校の考え方を児童生徒，保護者に理解してもらうことも重要である。児童生徒や保護者に対して，教職員が積極的に自己開示したり，学級や学校の生徒指導の方針や意味などを発信し伝えることで理解を促進していく必要がある。

## 2. 集団指導と個別指導——両者のシナジー効果

集団指導と個別指導は，集団に支えられて個が育ち，個の成長が集団を発展させるという相互作用により，児童生徒が社会で自立するために必要な力を身に付けることができるようにするとの指導原理に基づくものである。

集団指導においては，学校生活の様々な場面で，児童生徒が人として平等な立場で互いに理解し信頼した上で，集団の目標に向かって励まし合いながら成長できる集団をつくることが重要である。集団活動の場面において，児童生徒は役割分担を経験し，各役割の重要性を学びながら，協調性を身に付けることができる。自らも集団の形成者であることを自覚し，互いが支え合う社会の仕組みを理解するとともに，集団において，自分が大切な存在であることを実感することが肝要である。

個別指導には，集団から離れて行う指導と，集団指導の場面においても個に配慮することの二つの意味がある。授業など集団で一斉に活動をしている場合でも，個別の児童生徒の状況に応じて配慮しているならば，それは個別指導と捉えられる。また，集団に適応できない場合には，集団から離れて行う個別指導の方がより効果的である場合もあろう。多様化・複雑化する諸課題への対応も含め，誰一人取り残さない生徒指導が求められている。個の課題や家庭・学校環境に応じた，適切かつ切れ目のない生徒指導を行うことが重要である。

## 3. ガイダンスとカウンセリング——複合的アプローチ

学習指導要領の総則では児童生徒の発達の支援として，「主に集団の場面で必要な指導や援助を行うガイダンスと，個々の児童（生徒）の多様な実態を踏まえ，一人一人が抱える課題に個別に対応した指導を行うカウンセリングの双方により，児童（生徒）の発達を支援すること」が示されている。

人間関係の悩み，学習面の不安，さらには心理面や進路面での不安や悩みを抱えている児童生徒に対して，学校生活への適応やよりよい人間関係の形成などに関して，全ての児童生徒に，組織的・計画的に情報提供や説明を行うガイダンスが求められる。この場合，社会性の発達を支援するプログラムなどを取り入れることも考えられる。ガイダンスとカウンセリングは，教員，SC，

SSW 等が協働して行う生徒指導において，児童生徒の行動や意識の変容を促し，一人一人の発達を支える働きかけの両輪として捉えることが肝要である（第2章1節「児童生徒の発達を支える生徒指導」参照）。

## 4. チーム支援による組織的対応——チーミングの発想

　本章の第2節「生徒指導の構造」でも解説されているように，包括的な生徒指導に取り組む上で，『提要改訂版』において強調されているのが「チーム支援による組織的対応」である。チーム支援は，児童生徒一人一人に対して，保護者，学校内の複数の教職員，関係機関の専門家，地域の人々等が，アセスメントに基づいて行われるものである。チームを編成しての組織的対応は，図1-2のすべての支援階層において行われるものである。すなわち，生徒指導主事等と協力して「機動的連携型支援チーム」，校内の教職員が連携・協働した「校内連携型支援チーム」，そして地域の社会資源である校外の関係機関等との連携・協働に基づく「ネットワーク型支援チーム」が考えられる。

　これらのチーム支援のプロセスは，a. チーム支援の判断とアセスメントの実施，b. 課題の明確化と目標の共有，c. チーム支援計画の作成，d. 支援チームによる実践，e. 点検・評価に基づくチーム支援の終結・継続と捉えることができる。この点，注目されるのが，エドモンドソン（Edmondson, A. C., 2014）によるチーミング（teaming）の理論である。組織が相互に絡み合った仕事を遂行するためのプロセスであり，チームワークの構築と最適化を継続的に模索し実践し続けることを意味する。

　チーム支援においては，極めて慎重な取扱いを要する個人情報を扱う。そのため，守秘義務や説明責任等に注意をしなければならない。その際の留意事項は次の通りである。第1に保護者や児童生徒と事前に，「何のために」「どのように進めるのか」「情報をどう扱い，共有するのか」という点に関する「合意形成と目標の共通理解」である。第2に「守秘義務と説明責任」である。参加するメンバーは，集団守秘義務，つまり個人情報を含めチーム支援において知り得た情報を守秘しなければならない。また説明責任を果たすことも重要である。第3に「記録保持と情報セキュリティ」である。会議録，各種調査票，

チーム支援計画シート，教育相談記録等を的確に作成し，規定の期間保持しておかなくてはならない（第3章3節「教育相談体制」，同章4節「生徒指導と教育相談が一体となったチーム支援」を参照）。

　なお，チームの構成員は学校内外の大人だけではない。生徒会活動におけるピアサポートのように，児童生徒がチームの構成員として活躍することも，上述のガイダンスの意味も含めて有力なチームによる組織的対応となろう。

## 4　生徒指導の基盤

### 1.　教職員集団の同僚性——心理的安全性

　『提要改訂版』では，生徒指導の基礎として，まず，学級・ホームルーム担任中心の抱え込み型生徒指導から，多職種による連携・協働型生徒指導へと転換していくことの重要性が挙げられている。その際に鍵になるのが，教職員同士が支え合い，学び合う「同僚性」である。同僚性が醸成され組織や集団がチームとして機能するようになるために，心理的安全性（psychological safety）が重要な要因であることが現今注目されている。これは，エドモンドソン（2014）が提唱したもので，心理的安全性とは，チームが対人リスクを取っても安全であるという共通の信念であるいう意味である。つまり，各メンバーが発言することを恥じたり，拒絶したり，罰をあたえるようなことをしないという確信をもっている状態であり，そうした信念がメンバー間で共有された状態を意味する。心理的安全性が低い状態ではメンバーに，無知だと思われる不安，無能だと思われる不安，邪魔をしていると思われる不安，そしてネガティブだと思われる不安が存在していることが指摘されている。

　生徒指導上困難な課題への対応を迫られる事態において，不安，焦燥感，閉塞感，孤立感など，心理的ストレスの高い状態が継続すると，バーンアウト（燃え尽き症候群）や抑うつ症状を呈するリスクが高まってしまう。困難に直面しても，その不安や苦しみを一人で抱え込むことがないように，教職員が気軽に話ができる，同僚教職員やスタッフに相談に乗ってもらえる，改善策や打開策を親身に考えてもらえる，具体的な助言や助力をしてもらえるなど，何で

も「言える」，「訊ける」受容的・支持的な関係が大事である。このように，心理的安全性が，組織的・効果的な生徒指導を行う上で鍵を握っている。また，職能開発という点からも，教職員が自らの生徒指導実践を振り返り，教職員同士で相互に意見を交わし，学び合うことのできる同僚関係が不可欠である。

## 2.　生徒指導マネジメント

　生徒指導を切れ目なく，効果的に実践するためには，学校評価を含む生徒指導マネジメントサイクルを確立することが重要である。すなわち，「育成すべき態度や能力をどのように考え取り組むか」「何を生徒指導の重点とするか」等の目標を立てる。これを基に，生徒指導計画（Plan）を策定し，実施（Do）し，点検・評価（Check）を行い，次年度の改善（Action）へとつなげていく。

　こうした PDCA サイクルの推進に当たっては，管理職のリーダーシップと，保護者の学校と教職員への理解が不可欠である。その際の留意点として，第1に「生徒指導に関する明確なビジョンの提示」が挙げられる。生徒指導の目標や育成したい児童生徒像に関する明確なビジョンを学校内外で提示し，一体感を醸成することが大切である。第2に「モニタリングと確実な情報共有」である。実施段階では，管理職によるモニタリングを適確に行うことが求められる。第3に「保護者の学校理解と教職員理解」である。保護者の学校理解や教職員理解の深まりは，家庭や地域との連携・協働の基盤となる。そのために，学校ホームページ，学級・ホームルーム担任による保護者向けの通信，学年便り等によって，生徒指導の目標理解や協力の呼びかけ，児童生徒の実態に関する情報共有等を積極的に図る必要がある（第3章2節「生徒指導体制」を参照）。

## 3.　家庭や地域の参画

　生徒指導は「社会に開かれた」ものとして，家庭や地域及び関係機関等との連携・協働を緊密にし，児童生徒の健全育成という広い視野から地域全体で取り組み推進を図ることが重要である。こうした活動として次の2点がある。

　第1に，コミュニティ・スクール（学校運営協議会制度）を活用する活動である。コミュニティ・スクールとは，学校運営協議会を通じて，保護者や地域

の人々等が一定の権限と責任をもって学校運営に参画する仕組みを置く学校のことである。保護者や地域の人々等の意見を学校運営に反映させるための協議や基本方針の承認を行い，生徒指導の課題や重点目標の共通理解，具体的な教育活動の案出，家庭と地域との連携・協働，評価と改善事項等を地域と学校が共有して具体的な取組へとつなげることが可能となる。

　第2に，「学校を核とした地域づくり」として，コミュニティ・スクールと一体的に取り組む地域学校協働活動がある。これは，地域の高齢者・成人・学生・保護者・PTA・NPO・民間企業・団体・機関等の幅広い人々等の参画を得て，地域全体で児童生徒の学びや発達を支える活動である。登下校の見守り，多様な教育的ニーズに対応する学習支援，放課後や土曜日等の学習プログラムの提供，職場体験の場の提供など，学校が地域と連携・協働し地域全体で取り組むことができる（第3章7節「学校と家庭，地域との連携・協働」参照）。

## 5　生徒指導の取組上の留意点

### 1.　児童生徒の権利の理解

　『提要改訂版』では，生徒指導の取組上の留意点として，まず児童生徒の権利を理解する必要性が挙げられている。その活動として，子ども自身が一個の人格として，自分自身に関わることに参画し，意見を言える社会をめざした，「子どもアドボカシー」がある。これは，子どもの声を聴き，子どもが意見を表明する支援を行う活動のことである。そのためには，「子ども自身を主体」に一緒に考え，伝える手助けをしていく「アドボケイト」の存在が不可欠である。

　この点，1989年に国連総会において採択された「児童の権利に関する条約」を念頭に置くことが重要である。この場合の児童は18歳未満の全ての者を指す。本条約の発効を契機として，児童生徒の基本的人権に十分配慮し，一人一人を大切にした教育が行われることが求められている。生徒指導を実践する上で，特に児童の権利条約の4つの原則を理解しておくことが求められる。

　それらは，第1に児童生徒に対するいかなる差別もしないこと（第2条　差

別の禁止），第 2 に児童生徒にとって最もよいことを第一に考えること（第 3 条
児童の最善の利益），第 3 に児童生徒の命や生存，発達が保障されること（第 6
条　生命・生存・発達に対する権利），第 4 に児童生徒は自由に自分の意見を表明
する権利を持っていること（第12条　意見を表明する権利）を指す。

　たとえば，いじめや暴力行為は，児童生徒の人権を侵害するばかりでなく，
進路や心身に重大な影響を及ぼす。教職員は，いじめの深刻化や自殺の防止を
目指す上で，児童生徒の命を守るという当たり前の姿勢を貫くことが大切であ
る。安全・安心な学校づくりは，生徒指導の基本中の基本であり，同条約の理
解は，教職員，児童生徒，保護者，地域の人々等にとって必須といえる。

　また，2021年 6 月に公布された「こども基本法」においては，「日本国憲法
及び児童の権利に関する条約の精神にのっとり，次代の社会を担う全てのこど
もが，生涯にわたる人格形成の基礎を築き，自立した個人としてひとしく健や
かに成長することができ，こどもの心身の状況，置かれている環境等にかかわ
らず，その権利の擁護が図られ，将来にわたって幸福な生活を送ることができ
る社会の実現を目指して，こども施策を総合的に推進すること」が目的として
示されている（第 1 条）。なお，校則については第 3 章の 6 節「生徒指導に関す
る法制度等の運用体制」を参照されたい。

## 2.　ICT の活用

　次の留意点は ICT を活用した生徒指導の推進である。令和の日本型学校教
育の実現に向けて，GIGA スクール構想を踏まえて「スマート・スクール・プ
ロジェクト」等の名称で ICT を活用した生徒指導が推進される動向にある。

　学習指導と生徒指導は相関的な関係にあり，児童生徒の孤独感や閉塞感の背
景には，授業がわからないなど，学習上のつまずきや悩みがある場合も少なく
ない。そこで，出欠情報などの校務系データと，学習記録などの学習系データ
等を組み合わせることで，個々の児童生徒や学級・ホームルームの状況につい
て，多様な角度から分析・検討することが考えられる。その結果，児童生徒の
心身の状態の変化に気付き，児童生徒理解の幅が広がり，さらには悩みや不安
を抱える児童生徒の早期発見や早期対応の一助になることも期待される。一方，

ICT により得られる情報はあくまで状況把握の端緒であり，それにより支援の画一化が生じたりしないよう留意し適切に対応する体制が求められる。

ほかにも，学校に登校できない児童生徒に対する学習保障や生徒指導という観点から，ICT を活用した支援は，個々の不登校児童生徒の状況に応じた支援を実現する一つの方法といえる。また，病気療養中の児童生徒に対しても通信教育やオンライン教材等を活用するなど，教育機会の確保に努める必要がある。

### 3. 幼児教育との接続

幼児教育と小学校教育との円滑な接続も留意すべき点である。新たな小学校においても安心して楽しく学習や生活を送ることができるよう，幼稚園・保育所・認定こども園と小学校の教職員が交流体験や情報交換を通して相互理解を図ることが望まれる。幼稚園教育要領，保育所保育指針，幼保連携型認定こども園の教育・保育要領において，「幼児期の終わりまでに育ってほしい姿」が示されている。小学校教育においては，育まれた資質・能力を踏まえた教育活動を実施し，児童が主体的に自己を発揮しながら学びに向かうことが可能となるように働きかけることが重要である。より具体的には，小学校では幼児期における遊びを通した総合的な学びから，各教科等における，より自覚的な学びに円滑に移行できるよう，入学当初に生活科を中心とした合科的・関連的な指導や弾力的な時間割の設定など，いわゆるスタートカリキュラムを編成し，指導計画の作成や指導の工夫をすることが必要である。

### 4. 社会的自立に向けた取組

第4の留意点は，児童生徒の社会的自立に向けた取組である。生徒指導は，児童生徒が社会の中で自分らしく生きることができる存在となることを目指すものである。子ども・若者育成支援推進本部が2021年に公表した「子供・若者育成支援推進大綱」は，成年年齢引き下げ等への円滑な対応に加えて，学校という場の課題として，児童生徒の多様化，課題の深刻化などが指摘されている。このような状況の下にあって，生徒指導は学校内で完結するものでも，また卒

業や中途退学，進路変更などに伴ってただちに終了するものでもない。日頃から児童生徒の社会的自立に向けた支援を行うことはもとより，生涯を見通したキャリア教育や適切な進路指導を行うなど切れ目のない支援が必要であろう。

---

**学習課題**

1. 第1節の（2）で解説されている「自己指導能力」，「自己存在感」，「共感的人間関係」，「自己決定の場」，「安全・安心な風土」について，それぞれ具体的な経験を想起し自分なりに説明してみよう。
2. 第2節に解説されている「発達支持的生徒指導」，「課題予防的生徒指導」，「困難課題対応的生徒指導」という3つの観点について，具体的な経験を想起して自分なりに説明してみよう（図1-4参照）。

---

**引用・参考文献**

エドモンドソン，エイミー・C.，野津智子訳（2014）『チームが機能するとはどういうことか──「学習力」と「実行力」を高める実践アプローチ』英治出版.

栗原慎二（2017）『マルチレベルアプローチ──だれもが行きたくなる学校づくり』ほんの森出版.

水野治久・石隈利紀・田村節子・田村修一・飯田順子（2013）『よくわかる学校心理学』ミネルヴァ書房.

大脇和志（2022）「市民性教育のための『開かれた教室風土（open classroom climate）』を特別活動でどのように保障すべきか」日本特別活動学会紀要，vol. 30, pp. 33-42，日本特別活動学会.

トラックスラー，A. E.，澤田慶輔・大塚三七雄訳（1949）『ガイダンスの技術』同学社.

牛田伸一（2013）「教育課程と生徒指導」吉川成司編著『生徒・進路指導論』創価大学通信教育部.

吉川成司（2016）「生徒理解と個別指導」吉川成司・関田一彦・鈎治雄編著『はじめて学ぶ教育心理学　第2版』ミネルヴァ書房.

（吉川成司）

# 第 2 章

# 生徒指導と教育課程

　児童生徒にとって，学ぶ喜びとは何であろうか。「わかった」，「できた」という教材内容のレベルの喜びは当然あるだろう。「頭に浮かんだ考えを文章表現することが得意になった」，「少ない数式で合理的に解決できるようになった」という教科の特性レベルにおける学びの喜びもある。さらには，「意見交流することで交友関係が広がった」，「意欲的に発言でき積極性が増した」等の人間的成長に関わるレベルの学びの喜びもあるであろう。

　このように，教育課程を通して，学習の習熟のみならず，何をどのように学ぶかという自己選択，自己決定を促し，児童生徒が主体的に学習に取り組む過程で，児童生徒一人一人が自己存在感，自己有用感を得て，自己実現を目指していくということは，生徒指導の機能と重なり合っている。

## 1　児童生徒の発達を支える教育課程

　学習指導要領では，各校種共通に「児童（生徒）が，自己の存在感を実感しながら，よりよい人間関係を形成し，有意義で充実した学校生活を送る中で，現在及び将来における自己実現を図っていくことができるよう，児童（生徒）理解を深め，学習指導と関連付けながら，生徒指導の充実を図ること」とある。

### 1. 学習指導要領「総則」と生徒指導
　学習指導と生徒指導を関連付けていくことについて，学習指導要領「総則」

で示された4つの視点について，その要点を述べる。

① 学級・ホームルーム経営の充実

　学校生活の基盤となる教員と児童生徒，児童生徒相互の人間関係，信頼関係醸成のため，学級・ホームルーム経営の充実を図る。さらに，ガイダンス機能とカウンセリング機能の両者を活用し，児童生徒の発達を支援する。

② 生徒指導の充実

　児童生徒が自己存在感を実感し，よりよい人間関係の形成，有意義で充実した学校生活の実現を通し，自己実現を図っていくことができるよう，児童生徒理解を基盤に，学習指導と生徒指導を関連付け，充実を図る。

③ キャリア教育の充実

　児童生徒が，学ぶことと自己の将来とのつながりを見通し，社会的・職業的自立に向けて必要な資質・能力を身に付けていくことができるよう，特別活動を要としつつ各教科等の特質に応じて，キャリア教育の充実を図る。

④ 個に応じた指導の充実

　児童生徒一人一人の能力・適性，性格等の特性が異なることを十分に理解し，個々に応じた指導方法，学校の実態に即した指導体制の工夫改善により，個に応じた指導の充実を図る。

　これらは，ガイダンスとカウンセリングにより，常態的・先行的（プロアクティブ）及び即応的・継続的（リアクティブ）な活動を通して，「児童生徒一人一人の個性の発見とよさや可能性の伸長と社会的資質・能力の発達を支えると同時に，自己の幸福追求と社会に受け入れられる自己実現を支える」という生徒指導の目的を達成することにもつながる。


## 2. 学習指導と生徒指導

　学習指導要領では，知・徳・体のバランスの取れた『生きる力』の育成を重視している。そのためには，学習指導と生徒指導との関連を意識しながら日々

の教育活動を充実させていくことが重要となる。このことについて，「『令和の日本型学校教育』の構築を目指して〜全ての子供たちの可能性を引き出す，個別最適な学びと，協働的な学びの実現〜」（2021年1月26日答申）では，学習指導を担う教員が同時に生徒指導の主たる担い手にもなるというのが日本型学校教育の最大の特徴で，諸外国から高く評価されていると示している。それは，学習指導において，児童生徒理解を基盤に，安全・安心な学校・学級風土の創成，児童生徒一人一人の自己存在感の実感，教職員と児童生徒・児童生徒相互の人間関係・信頼関係の醸成，児童生徒の自己選択・自己決定を促すといった生徒指導の視点を活かした教育実践によって実現できているからといえる。

## 3. 学級・ホームルーム経営と生徒指導

　教育課程における種々の活動は，学級・ホームルーム単位で実践される。学級・ホームルームは生活集団・学習集団であり，生徒指導の実践集団である。そのため，児童生徒にとって学級・ホームルーム内の人間関係や集団としての雰囲気づくりは，学校生活そのものに大きな影響を与えることとなる。したがって，教員には個々の児童生徒がよりよい人間関係を築き，学級・ホームルームの生活に適応し，各教科等の学習や様々な活動の効果を高めることができるよう，以下のように，個別指導や集団指導を工夫することが求められる。

① 担任は，学校教育目標・児童生徒の実態を踏まえて学級・ホームルーム経営の目標・方針を作成し，必要な諸条件の整備を行い，経営を行う。

② 学級・ホームルーム経営の中心は，集団としての質の向上を目指し，教員と児童生徒，児童生徒相互のよりよい人間関係の構築に努めることである。

③ 児童生徒を，共に認め・励まし合い・支え合う集団にすることを目指す。これは，児童生徒の居場所をつくり，失敗や間違いを通して皆で考え，支え合い，創造する集団，つまり生徒指導の実践集団を育てることにつながる。

　これらが，児童生徒の規範意識を醸成させ，いじめや暴力行為等の課題の未然防止教育につながる。また，児童生徒の自己指導能力を育み，キャリア教育の目指す基礎的・汎用的能力を育成することにもなる。学級・ホームルーム経営は，発達支持的生徒指導・課題未然防止教育に直結するものなのである。

## 4. 教育課程編成上の留意点

　全ての教育活動を充実させる基盤は，学校教育目標である。その設定については，次の三点を大事にする。

①「この教育目標の達成に向けて協働したい」と全教職員が思えるような目標を設定すること

② 保護者や地域からの協力が得られるように目標の共有に努めること

③ 教育目標に照らしながら各教科等の授業のねらいを改善したり，教育課程の実施状況を評価したりすることが可能になるような具体性のある教育目標を設定すること

## 2　教科の指導と生徒指導

　教科は，教育課程の大部分を占めている。各教科の目標や内容は学校教育全体の目標を踏まえたものになっており，目標の中には生徒指導の目標と重なり合うものもある。したがって，教科指導においては，教科の目標と生徒指導のつながりを意識しながら指導を行うことが重要となる。

## 1. 個に応じた指導の充実

　児童生徒が学習内容を確かに身に付け，学びの充実感を味わうためには，教師は児童生徒一人一人の実態を把握し，集団指導のみならず，個に応じた指導の手立てを用意することが重要である。そのためには，児童生徒一人一人の興味や関心，課題意識，学習状況等をきめ細かく把握しなければならない。もし，学習上のつまずきがあるとしたら，学習内容のどこが理解できていないからかという教材面の原因だけでなく，視覚情報や聴覚情報の取り入れに苦手な部分

はないか等，特別支援教育に関する発達の傾向をつかんでいくことも重要になる。また，グループワークに積極的に取り組めないような様子が観られた場合，友人関係でのトラブルが背景にある場合も考えられる。

　児童生徒が確実に学習内容を身に付けるためのきめ細かな指導は，このような生徒指導の機能を活かした児童生徒理解が基盤になっている。

## 2. 児童生徒理解を基盤とした教科の指導

　児童生徒理解に基づいて教科指導を構成していくためには，理解に活かすための情報収集の仕方を，以下のように工夫する必要がある。

　① 授業観察からの主観的情報の収集

　　授業者である教員の主観的な情報を，メモや観察記録票で収集する。学級・ホームルームの学習の雰囲気や気になる児童生徒の言動等，担当教員個人だけでなく，同僚教員や管理職に授業観察をしてもらい，情報を共有する。

　② 課題・テスト・各種調査・生活日誌等からの客観的情報の収集

　　授業の課題，小テスト，中間・期末試験，生活実態調査，いじめアンケート調査，進路希望調査，生活日誌（記録ノート）等の客観的な情報を収集する。

　③ 出欠・遅刻・早退，保健室の利用等の客観的情報の収集

　　出欠・遅刻・早退，保健室の利用実態に関する客観的な情報を収集する。特に，生徒指導上の諸課題や，心身の健康や家庭生活の状態と関連させる。

　④ ICT を活用した客観的情報の収集

　　GIGA スクール構想の下で整備された，児童生徒一人一台の ICT 端末等も活用し，児童生徒一人一人の客観的な情報を抽出して，整理しておく。

　教科の授業において個に応じた指導を実践するには，授業に関連する児童生徒理解を通じて得た情報に基づいて，当該児童生徒に対する配慮事項，指導や支援の目標設定，具体的な指導や支援の方法を明確にして，関連する教職員が情報を共有をし，チームとして取り組むことが望まれる。具体的には，学年

会・教科部会，生徒指導部会，教育相談部会，あるいはケース会議等で，気になる児童生徒，配慮を要する児童生徒の情報を提示して，複数の教職員による多面的な意見に基づく協議を行い，学級・ホームルーム担任個人で実践できること，授業における教科担任等，他の教職員と連携・協働して実践すること，全教職員が共通して実践した方がよいこと等を共通理解・協働実践する。

### 3. 教科の指導と生徒指導の一体化

　授業は全ての児童生徒を対象とした発達支持的生徒指導の場となる。教科の指導と生徒指導を一体化させた授業づくりは，生徒指導の実践上の視点である，自己存在感の感受，共感的な人間関係の育成，自己決定の場の提供，安全・安心な風土の醸成等を意識した実践に他ならない。教員が学習指導と生徒指導の専門性を合わせもつという日本型学校教育の強みを活かした授業づくりが，児童生徒の発達を支えることになる。

### ① 自己存在感の感受を促進する授業づくり

　授業では，児童生徒が「自分も一人の人間として大切にされている」と感じ，自己肯定感や自己有用感を育む工夫が求められる。学習状況等に基づく「指導の個別化」や，児童生徒の興味・関心，キャリア形成の方向性等に応じた「学習の個性化」による個別最適な学びを実現できるよう工夫することが大切である。児童生徒の多様な学習状況や興味・関心に柔軟に応じることにより，どの児童生徒にとっても，「わかる」，「面白い」授業になるよう創意工夫することが必要。なお，ICT の活用は，授業における個別最適な学びの実現に役立つ。

### ② 共感的な人間関係を育成する授業

　共感的な人間関係を育成する観点からは，授業では互いに認め合い・励まし合い・支え合える学習集団づくりを促進することが大切になる。たとえば，児童生徒が互いに自分の得意なところを発表し合う機会を提供する授業づくりや，発表や課題の提出に対し，失敗を恐れず，間違いやできないことが笑われなく，むしろなぜそう考えたのかと，互いの考え方について児童生徒同士が互いに関

心を抱き合う授業づくり。このような授業を通した共感的な人間関係を育てる学習集団づくりは，いじめや非行の防止等の基盤になる。そのためには，教員が学級・ホームルームの児童生徒の多様な個性を尊重し，相手の立場に立って考え，行動する姿勢を率先して示すことが大切である。教員が児童生徒の間違いや不適切な言動にどのように対応するか，児童生徒は常に関心をもっている。

### ③ 自己決定の場を提供する授業づくり

児童生徒が，授業場面で自らの意見を述べたり，観察・実験・調べ学習等において自己の仮説を検証しレポートにまとめたりすることを通して，自ら考え，自己選択し，自己決定する力が育つ。したがって，教員には，児童生徒に意見発表の場を提供したり，児童生徒間の対話や議論の機会を設けたり，児童生徒が協力して調べ学習をする，実験する，発表する，作品を作る，演じる等の取組を積極的に進めたりして，児童生徒の学びを促進するファシリテーターとしての役割を果たすという態度も重要となってくる。

### ④ 安全・安心な「居場所づくり」に配慮した授業

授業において，児童生徒の個性が尊重され，安全かつ安心して学習できるように配慮することも不可欠である。授業は一般に学級・ホームルームの単位で行われるため，一人一人の児童生徒が安全・安心に学べるように学級・ホームルーム集団が児童生徒の「(心の)居場所」になることが望まれる。

## 3　道徳科を要とした道徳教育における生徒指導

学習指導要領等の改正により，小・中学校においては，「道徳の時間」が「道徳科」として新たに教育課程に位置付けられた。高等学校では，各教科等の特質に応じて，人間としての在り方生き方を主体的に探求し豊かな自己形成を図るよう指導することとされ，公民科に新たに設けられた「公共」及び「倫理」，並びに特別活動が中核的な指導の場面とされた。

道徳教育と「児童生徒一人一人の個性の発見とよさや可能性の伸長と社会的

資質・能力の発達と，同時に，自己の幸福追求と社会に受け入れられる自己実現を支える」ことを目的とする生徒指導を相互に関連させることが重要である。

## 1. 道徳教育と生徒指導の相互関係

　道徳教育は，自己の生き方を考え，主体的な判断の下に行動し，自立した人間として他者と共によりよく生きるための基盤となる道徳性を養うことを目標として，道徳科を要として教育活動全体を通じて行うものとされている。

　一方，生徒指導は，「社会の中で自分らしく生きることができる存在へと児童生徒が，自発的・主体的に成長や発達する過程」を支え，全教育活動を通して行われる。道徳教育と生徒指導はいずれも児童生徒の人格のよりよい発達を目指し，学校の教育活動全体を通じて行うという点で共通している。

　道徳教育によって培われた児童生徒の道徳的実践は，生徒指導が目指す自発的・主体的な成長や発達を支え，やがて自己実現につながる。生徒指導が充実されれば，児童生徒は望ましい生活態度を身に付け，道徳性を養う道徳教育のねらいを支えることになる。道徳教育で培った道徳性を，生きる力として日常生活に具現化できるよう支援することが生徒指導の大切な働きとなる。

## 2. 道徳科の授業と生徒指導

　道徳科の特質は，学校の教育活動全体を通じて行う道徳教育の要として，道徳的諸価値についての理解を基に，自己を見つめ，物事を（広い視野から）多面的・多角的に考え，自己（人間として）の生き方についての考えを深める学習を通して道徳性を養うことにある（括弧内は中学校）。

　道徳科の授業では，その特質を踏まえ，生徒指導上の様々な問題に児童生徒が主体的に対処できる実効性ある力の基盤となる道徳性を身に付けることが求められており，道徳科の授業と生徒指導には以下のような相互補完関係にある。

## ① 道徳科の授業に対する学習態度の育成

　教員が児童生徒理解を深め，児童生徒との信頼的な人間関係を築くとともに，児童生徒が自主的に判断・行動し，積極的に自己を生かせることを目指して発

達支持的生徒指導の充実を図ることは，自らの生き方と関わらせながら学習を進めていく態度を身に付け，道徳科の授業を充実させることにつながる。

② 道徳科の授業に資する資料の活用
　発達支持的生徒指導や課題予防的生徒指導のために行った調査結果（質問紙調査等）を，道徳科の授業の導入やまとめ等で活用したり，生徒指導上の問題を題材とした教材を用いたりすることによって，児童生徒の道徳的価値についての理解を一層深めることができる。

③ 学級内の人間関係や環境の整備，望ましい道徳科授業の雰囲気の醸成
　児童生徒の人間関係を深める（発達支持的生徒指導）とともに，一人一人の悩みや問題を解決（困難課題対応的生徒指導）したり，柔軟に教室内の座席の配置やグループの編成を弾力化（課題予防的生徒指導）したりする等の指導によって，道徳科の授業を充実させることができる。

④ 生徒指導を進める望ましい雰囲気の醸成
　道徳科の授業で児童生徒の悩みや心の揺れ，葛藤等を生きる課題として取り上げ，自己の生き方を深く考え，人間としての生き方についての自覚を深め，児童生徒の道徳的実践につながる力を育てることは，生徒指導上の悩みをもつ児童生徒を温かく包み，その指導効果を上げることにつながる。

⑤ 道徳科の授業を生徒指導につなぐ
　学習指導要領には，道徳科の授業の指導内容として以下のようなものを示している。これらの指導は，そのまま発達支持的生徒指導につなぐことができる。
　　● 自主的に判断し，誠実に実行してその結果に責任をもつこと
　　● 思いやりの心や感謝の心をもつこと
　　● 相互理解に努めること
　　● 法や決まりの意義を理解し，その遵守に努めること
　　● 公正公平な態度で，いじめや差別，偏見のない社会の実現に努めること

●主体的に社会の形成に参画し，国際社会に生きる日本人としての自覚を
もつこと
●生命の尊さを理解し，かけがえのない自他の生命を尊重すること
●自然を愛護し人間の力を超えたものに対する畏敬の念を深めること等

## ⑥ 道徳科の授業展開の中で生徒指導の機会を提供

　道徳科の授業の学習過程では，教員と児童生徒及び児童生徒相互のコミュニ
ケーションを通した人間的な触れ合いが重視される。これらは，児童生徒相互
の理解及び児童生徒と教員との相互理解を通して，互いの人間関係・信頼関係
を築く発達支持的生徒指導にもつながる。また，その場に応じた適切な話し方
や受け止め方等，主体的な学習態度の形成は，課題予防的生徒指導を行う機会
ともなる。特に，道徳科の指導においては，問題解決的な学習，道徳的行為に
関する体験的な学習等，多様な方法を取り入れた指導の工夫が求められており，
このことは児童生徒が，現実の生徒指導上の課題に主体的に対処できる実効性
ある力を身に付けるように働きかけることにもつながる。

## 3. 道徳科と他の教育活動との関連の充実と生徒指導

　いじめをはじめとした生徒指導上の複雑化，深刻化した課題に対し，教育現
場では対応に追われがちになる。対症療法としての生徒指導だけでは，課題対
応に追われ，児童生徒の健全な成長を図るという教育本来の機能を十分に果た
せず，場合によっては，より深刻な状況をもたらすことにもなりかねない。
　道徳科を要とする道徳教育と生徒指導，相互の関係をさらに一歩進めて，道
徳科の授業の一層の改善充実を図り，確かな道徳性の育成に支えられた発達支
持的生徒指導の充実が求められる。
　特に，生徒指導上の課題の防止や解決につながる道徳性を養う上で，道徳教
育の要となる道徳科と各教科等をはじめとする他の教育活動との関連を相互に
図り，学校の教育活動全体として効果的に取り組むことが重要となる。

　小・中学校の総合的な学習の時間では，探究的な見方・考え方を働かせ，横断的・総合的な学習を行うことを通して，よりよく課題を解決し，自己の生き方を考えていくための資質・能力の育成を目指している。また，高等学校の総合的な探究の時間では，探究の見方・考え方を働かせ，横断的・総合的な学習を行うことを通して，自己の在り方生き方を考えながら，よりよく課題を発見し解決していくための資質・能力の育成を目指している。

　総合的な学習（探究）の時間では，他の教科等以上に，知識・技能を自ら追究する人間像が想定されている。そうした追究の姿勢を児童生徒に促すのは，生徒指導の定義にある「社会の中で自分らしく生きることができる存在へと児童生徒が，自発的・主体的に成長や発達する過程を支える」ことと重なる。

　総合的な学習（探究）の時間が目指す資質・能力は，探究的な学習に主体的・協働的に取り組み，互いのよさを生かし，積極的によい社会への参画・実現する態度の育成，新たな価値を創造しようとする態度を養うことである。

## 1. 総合的な学習（探究）の時間と生徒指導

　学校が設定する総合的な学習（探究）の時間の目標は，各学校における教育目標を踏まえて設定することになる。その際，学校は地域や児童生徒の実態等に応じて，教科等の枠を超えた横断的・総合的な学習とすること及び探究的な学習や協働的な学習とすることが求められる。

　探究的な学習の実現を意識した学習活動では，① 課題の設定→② 情報の収集→③ 整理・分析→④ まとめ・表現，を発展的に繰り返していく。この学習過程を通じて，主体的に問題や課題を発見し，自己の目標を選択，設定し，目標達成のため，自発的，自律的，かつ他者の主体性を尊重しながら，自らの行動を決断し実行する力である自己指導能力を育むことが目指される。

　高等学校では，探究が高度化し，自律的に行われるようにするとともに，初等中等教育の縦のつながりにおける総仕上げを行う学校段階として，自己の在

り方生き方に照らし，自己のキャリア形成の方向性と関連付けながら，自ら課題を発見し解決していくための資質・能力を育成することが求められている。

たとえば，児童生徒の主体性が発揮される場面では，児童生徒が自ら変容していく姿を見守り，学習活動の停滞や迷いが見られる場面では，場に応じた指導・働きかけが重要となる。また，容易に解決されないような複雑な問題を探究し，物事の本質を見極めようとする児童生徒には積極的に寄り添い，幅広い情報の収集，選択・判断を支えるとともに，児童生徒の主体性が発揮できるよう，学習状況に応じて教員が適切な指導を行うことが求められる。

これらの指導は，発達支持的生徒指導に他ならない。総合的な学習（探究）の時間の充実は，その目標を達成するに留まらず，自己指導能力の育成にもつながり，ひいては生徒指導の充実を図ることにもつながるといえる。

児童生徒が自分は何をしたいのか，するべきか等，主体的に問題や課題を発見し，自己の目標を選択，設定して，目標達成のために取り組む。こうした教育活動は，生徒指導が目指す自己指導能力の獲得に資するものとなる。

## 2. 総合的な学習（探究）の時間で協働的に取り組むことと生徒指導

総合的な学習（探究）の時間の目標には，「主体的・協働的に取り組むとともに，互いのよさを生かしながら，積極的に社会に参画（高等学校は，新たな価値を創造し，よりよい社会を実現）しようとする態度を養う。」と示されている。学習課題解決に向かう学習過程においては，主体的な取組，協働的な取組を重視し，このことが，よりよい課題の解決につながると考えられている。

これは，「児童生徒一人一人の個性の発見とよさや可能性の伸長と社会的資質・能力の発達を支えると同時に，自己の幸福追求と社会に受け入れられる自己実現を支える」という生徒指導の目的と重なるものである。

総合的な学習（探究）の時間で育成する資質・能力は，自ら問いを見い出し，課題を立て，よりよい解決に向けた取組とを通して獲得されていく。一方で，複雑な現代社会では，いかなる問題についても，一人だけの力で何かを成し遂げることが困難な状況が見られることから，他者との協働が不可欠となる。他者との協働的な取組は，学習活動の発展，課題意識の高まり，自分とは異なる

見方・考え方に気付くこと等の効果をもたらす。また，地域の人々や専門家等，校外の大人との交流は，児童生徒の社会参画意識の醸成にもつながる。

　教員には，児童生徒が多様な情報を活用し，自分と異なる視点からも考え，力を合わせたり交流したりして学べるように，支持的に働きかけるとともに，協働的に学ぶことを通じて個人の学習の質，集団の学習の質も高めていくことができるように，発達段階に応じた指導や援助を行うことが大切となる。

## 3. 総合的な学習（探究）の時間において自己の（在り方）生き方を考えることと生徒指導

　総合的な学習（探究）の時間では，実社会や実生活の課題を探究しながら，自己の（在り方）生き方を問い続ける姿勢が一人一人の児童生徒に涵養されることが求められている。学習活動において自己の生き方を考えることとは，

　　① 人や社会，自然とのかかわりにおいて自らの生活や行動について（高等学校は，「人や社会，自然との関わりにおいて，自らの生活や行動について考えて，社会や自然の一員として，人間として何をすべきか，どのようにすべきか等を」）考えること

　　② 自分にとっての学ぶことの意味や価値を考えること

　　③ これら2つのことを生かしながら，学んだことを現在と将来の自己の（在り方）生き方につなげて考えること

という3つの視点から考えることに他ならない。

　これは，生徒指導の目的にも通じる。児童生徒が自己を生かし，自己を模索し，自己を振り返り，自己を創る過程を支援することは，個性の発見とよさや可能性の伸長を児童生徒自らが図りながら，様々な資質・能力を獲得することにつながる。そして，自らの資質・能力を適切に行使して，自己実現を図りながら，自己の幸福と社会の発展を児童生徒自らが追求する態度を身に付けることを目指す生徒指導の考え方と重なるものである。

## *5*　特別活動における生徒指導

　特別活動は「なすことによって学ぶ」ことを方法原理とし，「集団や社会の形成者としての見方・考え方を働かせ，様々な集団活動に自主的，実践的に取り組み，互いのよさや可能性を発揮しながら集団や自己の生活上の課題を解決する」ことを通して，資質・能力を育む教育活動である。多様な集団活動を基板に行われ，児童生徒一人一人の「個性の発見」，「よさや可能性の伸長」，「社会的資質・能力の発達」等生徒指導の目的を実現するために，教育課程において中心的な役割を果たしている。

### 1.　特別活動と生徒指導

　特別活動は，生徒指導の目的である「児童生徒一人一人の個性の発見とよさや可能性の伸長と社会的資質・能力の発達を支える」ことに資する集団活動を通して，生徒指導の目的に直接迫る学習活動である。特別活動の基本的な性格と生徒指導との関わりについては，次のように考えることができる。

　① 所属する集団を，自分たちの力によって円滑に運営することを学ぶ

　　特別活動における集団活動は，児童生徒の自発的・自治的なもの，教員主導のものがある。さらに，学級・ホームルーム単位で行われる活動もあれば，学校行事のように学年の枠を超えた活動もある。いずれも，生徒指導の観点からは，活動内容の特質に応じて，可能な限り児童生徒の自主性を尊重し，創意を生かし，目標達成の喜びを味わえるようにしたい。

　② 集団生活の中でよりよい人間関係を築き，それぞれが個性や自己の能力を生かし，互いの人格を尊重し合って生きることの大切さを学ぶ

　　集団活動では，同年齢，異年齢等，多様な集団を構成する中で，協力し合い，互いの理解を深め，尊重し合う温かい人間関係が築かれ，社会的自立に向けた人間的成長を図っていきたい。

　③ 集団としての連帯意識を高め，集団や社会の形成者としての望ましい態度や行動の在り方を学ぶ

表 2-1　特別活動の全体目標

集団や社会の形成者としての見方・考え方を働かせ，様々な集団活動に自主的，実践的に取り組み，互いのよさや可能性を発揮しながら集団や自己の生活上の課題を解決することを通して，次のとおり資質・能力を育成することを目指す。
　(1)多様な他者と協働する様々な集団活動の意義や活動を行う上で必要となることについて理解し，行動の仕方を身に付けるようにする。
　(2)集団や自己の生活，人間関係の課題を見いだし，解決するために話し合い，合意形成を図ったり，意思決定したりすることができるようにする。
　(3)自主的，実践的な集団活動を通して身に付けたことを生かして，集団や社会における生活及び人間関係をよりよく形成するとともに，自己（中学校は，「人間として」）の生き方について（高等学校は，「人間としての在り方生き方について」）の考えを深め，自己実現を図ろうとする態度を養う。

出所：文部科学省（2017：59）.

　多様な集団活動の中で，児童生徒がそれぞれ役割を受けもち，自己存在感を高め，自己の思いを実現する場や機会を十分確保するとともに，集団との関係で自己の在り方を自覚することができるように指導し，集団や社会の形成者としての連帯感や責任感を養うことを大切にしたい。


## 2．特別活動の各活動・学校行事の目標と生徒指導

　特別活動における「自己（人間として）の（在り方）生き方についての考えを深める」とは，実際に児童生徒が実践的・体験的な活動を通し，現在及び将来にわたって希望や目標をもって生きることや，多様な他者と共生しながら生きていくこと等についての考えを深め，集団や社会の形成者としての望ましい認識をもてるようにすることであり，その指導においては，キャリア教育の視点を重視することも求められる。


## ① 特別活動の全体目標と特別活動の各活動・学校行事

　特別活動の全体目標で示された資質・能力は，各活動・学校行事の次のような活動を通して児童生徒が身に付けることを目指すものである。
　　ア　学級・ホームルーム活動
　　　学校や学級・ホームルームの生活をよりよくするための課題を見い出し，解決するための話合い，合意形成，役割分担や協働的な実践を通し，自己

の課題の解決及び将来の生き方を描くために意思決定して実践したりすることに，自主的，実践的に取り組むことを通して資質・能力を育成する。

イ　児童会・生徒会活動

　異年齢の児童生徒同士で，学校生活の充実と向上を図るための諸問題の解決に向けて，計画を立て役割を分担し，協力して運営することに自主的，実践的に取り組むことを通して，資質・能力を育成する。

ウ　クラブ活動（小学校のみ）

　異年齢の児童同士で協力し，共通の興味・関心を追求する集団活動の計画を立てて運営することに自主的，実践的に取り組むことを通して，個性の伸長を図りながら資質・能力を育成する。

エ　学校行事

　全校又は学年の児童生徒で協力し，よりよい学校生活を築くための体験的な活動（高等学校は，全校若しくは学年又はそれらに準ずる集団で協力し，よりよい学校生活を築くための体験的な活動）を通して，集団への所属感や連帯感を深め，公共の精神を養いながら資質・能力を育成する。

　このように，特別活動の全体目標及び各活動・学校行事のそれぞれの目標は，生徒指導の目指す自己指導能力や自己実現につながる力の獲得と重なる部分が多いことから，密接な関係にあるといえる。

② 生徒指導が中心的に行われる場としての特別活動

　特別活動において，児童生徒は，実践活動や体験活動を通して，集団活動のよさや自己が社会の中で果たしている役割，自己の在り方や生き方との関連で集団活動の価値を理解するようになる。さらに，多様な集団活動を通して，自主的・自律的に自らの行動を決断し，実行する能力の基盤となる自己指導能力や，集団や社会の形成者として主体的に参画する力，様々な場面で自己のよさや可能性を発揮し，自己実現を図る力を主体的に身に付けていける。

　教員には，生徒指導の観点から，特別活動の内容の特質や児童生徒の発達段階に応じて，児童生徒による自発的・自治的な活動を重んじつつ，成就感や自

信の獲得につながるよう，適切な指導や援助に努めることが求められる。

　そのためには，学校全体の共通理解と取組，組織的・計画的な展開が求められる。特別活動は，集団や社会の形成者としての見方や考え方を働かせて，よりよい生活や人間関係を築き，人間としての生き方について自覚を深め，自己を生かす能力を獲得する等，各教科等以上に生徒指導の機能が作用している。教育課程の編成に当たっては，この点に十分配慮する必要がある。

### 3. 学級・ホームルーム活動と生徒指導

　学級・ホームルーム活動は，児童生徒による自発的・自治的な活動や学校行事に取り組むことを通して，集団への所属感や生活上の規範意識を高めるとともに，学級・ホームルームを安心して学習活動に励むことのできる環境として創り上げていく。こうしたことは，学校生活の基盤づくりにつながり，互いを尊重し合う人間関係や，教科等におけるグループ学習等の協働的な学習の基盤づくりにも貢献する発達支持的生徒指導と重なるものといえる。

### ① 学級・ホームルーム活動の活動内容と生徒指導

　児童生徒が，学級・ホームルームや学校生活の充実向上のために話し合い，集団としてよりよく合意形成を図って実践する自発的・自治的な活動は，各自の所属感や連帯意識，参画意識を高めるとともに，集団や社会の一員として生活の充実向上のために進んで貢献しようとする社会性の基盤となる。

　児童生徒一人一人が，学級・ホームルーム，学校における生活や学習等の自己の生活上の課題に気付き，学級での話合いを生かして，自分の課題に合った解決方法や実践方法等を意思決定して実践する活動は，児童生徒の自己指導能力の育成，さらには自己実現を目指す教育活動に他ならない。

### ② 生徒指導を意識した学級・ホームルーム活動の取組

　生徒指導を意識した学級・ホームルーム活動の取組の視点として，次の3点を挙げることができる。

　　　●学級・ホームルーム活動は，児童生徒の自主的，実践的な態度や，健全

な生活態度が育つ場であること
  ●学級・ホームルーム活動は，発達支持的生徒指導を行う中核的な場であること
  ●学級・ホームルーム活動は，学業生活の充実や進路選択の能力の育成を図る教育活動の要の時間であること

　いじめの背景として，学級・ホームルーム内の人間関係に起因する問題が多く指摘されている。生徒指導の関連を意識した学級・ホームルーム経営の充実が，課題予防的生徒指導として，いじめの未然防止の観点からも一層重要になる。この際，集団場面と並行して個別場面での指導や援助も必要になる。

### ③ キャリア教育の要の時間としての学級・ホームルーム活動と生徒指導

　特別活動は，キャリア教育の要の時間として位置づけられている。学級・ホームルーム活動において，小・中・高等学校に共通する内容として，「社会参画意識の醸成」が挙げられている。これは，児童生徒が集団や社会の形成者として，多様な他者と協働し，集団や生活上の諸問題を解決して，よりよい生活をつくろうとする態度を身に付け，「社会の中で自分らしく生きることができる存在」へと成長・発達する過程を支える教育活動としての生徒指導と重なる。

　教員には，「キャリア・パスポート」を効果的に活用し，児童生徒が，自ら，現在及び将来の生き方を考えたり，自分に自信をもち，よさを伸ばして生活したりできるよう働きかけることが求められる。

### 4. 児童会・生徒会活動，クラブ活動と生徒指導

　児童会・生徒会活動は，全校の児童生徒で組織する異年齢集団活動である。児童生徒は常に全校的な視点をもってよりよい学校生活の充実と向上を目指して活動するものである。日常的に触れ合う学級集団の人間関係を超えた広い関わりの中で協力し合って学校生活上の諸問題の解決に取り組みたい。

① 児童会・生徒会活動，クラブ活動の特色と生徒指導

　特別活動のうち，小学校の児童会活動と中学校・高等学校の生徒会活動，小学校のクラブ活動は，それぞれのねらいや活動形態等の違いはあるものの，集団活動の基本的な性格や指導の在り方において共通の特色を有している。それらの活動の役割や意義と生徒指導の関係は，次のように考えられる。

　　ア　異年齢集団活動を通して，望ましい人間関係を学ぶ教育活動であること

　　イ　より大きな集団の一員として，役割を分担し合って協力し合う態度を学ぶ教育活動であること

　　ウ　自発的・自治的な実践活動を通して，自主的な態度の在り方を学ぶ教育活動であること

　小学校における児童会活動やクラブ活動の実践の充実が，中・高等学校におけるよりよい実践につながっていく。このことは，児童生徒の自発性，自主性，社会性の発達を支える生徒指導の実践上の視点と密接に関係している。小学校の全校的な活動は，まず，低学年の実態を考えて行い，多様な集団活動の実践を通し，高学年がリーダーシップやメンバーシップを実感できるようにする。中・高等学校では，自治的な能力に広がりや深まりが出てくることから，活動内容や運営に生徒自身の自主的な活動の広がりを期待することができる。

　各活動の活性化や充実には，学級やホームルームにおける指導が大きく影響する。児童生徒が生活上の諸問題について積極的に話し合ったり，係活動で友達と協力し合い創意工夫を生かして学級生活の充実を図ったり，当番活動等学級内の仕事を分担・協力する活動の経験を積んだり，集会活動等を通して人間関係を深めたりすることができる。この過程において，自発的・自治的な活動を助長するための指導や援助を適切に行うことで，児童会・生徒会活動やクラブ活動も活発になり，学校の生活もより充実した楽しいものになる。同時に，児童会・生徒会活動やクラブ活動で経験した多様な活動が学級・ホームルームや学校の生活にも生かされ，より一層充実したものになっていく。

## ② 主権者意識の向上につながる児童会・生徒会活動と生徒指導

　児童生徒の権利を保障する視点や，生徒指導の目的・目標からも，児童生徒が自ら学校生活の充実・向上に向けて，話し合い，協力して実践する児童会・生徒会活動は，児童生徒の自治的能力や主権者としての意識を高める上で極めて重要な活動といえる。

　その基盤になるのも，学級・ホームルーム活動である。児童生徒にとって一番身近な社会である学級や学校の生活に目を向け，自分たちでよりよい生活や人間関係を築く経験を生かして，児童会・生徒会活動及び代表委員会や評議委員会，役員活動，各種専門委員会活動等においても，学校生活の充実と向上のための課題を児童生徒が自ら見いだし解決方法について話し合い，協力して実践できるように支援したい。

## ③ 生徒指導との関連を踏まえた児童会・生徒会活動，クラブ活動の運営上の工夫

　児童会・生徒会活動，クラブ活動は，学校という社会的な場で多様な組織による集団活動を通して人間関係を学ぶ機会であり，生徒指導の充実に大きく貢献する教育活動である。生徒指導との関連を踏まえた運営上の工夫として，児童生徒の創意工夫を生かす指導計画の作成と改善に努めること，学級・ホームルーム活動，学校行事との関連を図ること，自発的・自治的な活動を生かす時間，活動場所等の確保に努めること等が挙げられる。なお，小学校のクラブ活動では，児童が自分の興味や特性を生かそうと努力することによって，失いかけた自信や自己の価値に対する信頼感を取り戻し，問題傾向から抜け出ることができたという事例もあり，継続的な活動が行える十分な時間を確保することが生徒 指導の充実にもつながるといえる。

## 5. 学校行事と生徒指導

## ① 学校行事と生徒指導の関係

　学校行事は，全校又は学年等を単位として，学校生活に秩序と変化を与え，学校生活の充実と発展に資する体験的な活動を行う教育活動である。学校行事

の内容は，学習指導要領では小・中・高等学校とも基本的には同様となっており，小学校における集団活動や体験活動の豊かな実践が中・高等学校における学校行事の充実につながる。学校行事の特質は，多くの点で生徒指導の実践上の視点を生かすことのできる教育活動であるといえる。

　学校行事の特色や役割，指導の方向性として，次の3点が挙げられる。

　　ア　学校生活を豊かな充実したものにする体験的な教育活動である
　　イ　全校又は学年という大きな集団により人間関係を学ぶ教育活動である
　　ウ　多彩な内容を含んだ総合的，創造的な教育活動とすることが重要である

　学校行事では，他の学級・ホームルームや，異なる学年の児童生徒との交流，体験的な活動等，普段の学級・ホームルームでの生活や教科等の学習では経験する機会が少ない活動が行われることになる。そのことが，よりよい人間関係の構築や豊かで充実した学校生活づくりにつながる。

　特に，文化的行事や体育的行事，遠足・旅行，集団宿泊的行事では，全校縦割りの活動で協力し励まし合い，寝食を共にすることで，協力し合い，支え合う等の直接体験を通して，自他のよさに気付いたり，人間関係を深めたり，命の大切さを学んだりすることが可能となる。このように生徒指導の充実を図る上で，重要な意義をもっていると考えることができる。

## ②　生徒指導との関連を踏まえた学校行事における指導の工夫と配慮

　教員には，児童生徒一人一人が受け身でなく，主体的に参加できるよう十分に配慮することが求められる。また，教科学習のつまずきや問題行動によって特別な支援を要する児童生徒に対しても，得意とする能力や個性等を発揮できるように配慮し，適切に役割を担うことができるようにすることが重要である。

　このような児童生徒理解に基づいた教員の適切な配慮によって，集団生活への意欲や自信を失っている児童生徒の自己存在感や自己有用感を高めるとともに，自己の生き方についての考えを深め，自分の能力への自信を回復することが可能になる。特別活動を通して発達支持的生徒指導の充実を図ることは，児童生徒の「個性の発見とよさや可能性の伸長と社会的資質・能力の発達を支え

る」という生徒指導の目的を達成することに直接つながるものであるといえる。

---

**学習課題**

1. 学校ではよく，「授業で生徒指導をする」，「授業で学級経営をする」という言葉
が交わされる。これはどのようなことを指すのか，自分なりに説明してみよう。
2. 学習指導においても生徒指導においても，児童生徒理解が基盤であるとされる。
では，具体的に児童生徒理解にどのように取り組めばよいのか自分なりに説明し
てみよう。

---

**引用・参考文献**

文部科学省（2017a）『小学校学習指導要領（平成29年告示）解説　総則編・特別の教
科道徳編・総合的な学習の時間・特別活動編』.

文部科学省（2017b）『中学校学習指導要領（平成29年告示）解説　総則編・特別の
教科道徳編・総合的な学習の時間編・特別活動編』.

文部科学省（2018）『高等学校学習指導要領（平成30年告示）解説　総則編・総合的
な探究の時間編・特別活動編』.

文部科学省（2021）「『令和の日本型学校教育』の構築を目指して〜全ての子供たちの
可能性を引き出す，個別最適な学びと，協働的な学びの実現〜」中央教育審議会
答申.

文部科学省（2023）『生徒指導提要』東洋館出版社.

（大久保敏昭）

# 第3章

# チーム学校による生徒指導体制

　チーム学校とは，「チームとしての学校の在り方と今後の改善方策について」（2015年12月21日答申）で示されたこれからの学校組織の在り方の概念で，『提要改訂版』の柱の１つである。その定義は，「校長のリーダーシップの下，カリキュラム，日々の教育活動，学校の資源が一体的にマネジメントされ，教職員や学校内の多様な人材が，それぞれの専門性を生かして能力を発揮し，子供たちに必要な資質・能力を確実に身に付けさせることができる学校」とされる。

　本章では，生徒指導や教育相談の各機能が一体となった様々なチーム支援体制について解説する。これらは，第４章で述べられる生徒指導上の諸課題に対する対応の基盤に位置づけられるものとなっている。

## *1* チーム学校における学校組織

チーム学校の概念が求められる背景を，先の答申では次のように挙げている。
　① 新しい時代に求められる資質・能力を育む教育課程を実現する体制整備
　② 複雑化・多様化した問題や課題を解決するための体制整備
　③ 子供と向き合う時間の確保等のための体制整備

　背景①は，学習指導要領で示された「社会に開かれた教育課程」実現の重要性を指す。学校での日々の学びは，閉ざされた空間の出来事ではなく，変化の激しい現実社会で生きていくことに直結していることを児童生徒自身が認識できるよう支援することが大切である。そのことが，児童生徒の将来的な自己実

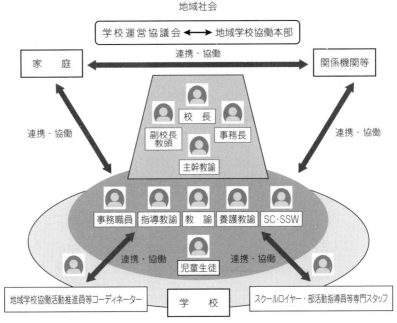

図3-1　チーム学校における組織イメージ

出所：文部科学省（2022：69）．

現の展望を抱くことにつながる。そのためには，適切なカリキュラム・マネジメントのもとで，図3-1のように全ての教職員・家庭・地域社会の関係機関が，チーム学校として協働することが求められる。

　背景②は，児童生徒が直面する問題や課題が複雑化・多様化する中で，教職員の専門性のみでは対応しきれない状況になっていることを指す。児童生徒の最善の利益のため，外部の多様な専門家をはじめ，専門職にとらわれない地域の様々な大人が教職員と連携・協働することがますます重要となる。

　背景③は，世界で最も忙しいとされる日本の教員の置かれた状況を指す。チーム学校の推進は，教員の負担軽減を実現し，教職員がそれぞれもつ専門性を十全に発揮して児童生徒に関われるようにすることにも貢献する。

　チーム学校の実現に必要な視点として，以下の4点が挙げられる。

　　① 専門家としての教員それぞれ得意分野を生かし，チームとして機能で

きるよう，心理や福祉等の専門スタッフを学校の教育活動の中に位置付け，連携・協働の体制を充実させること

② 学校の教育力を向上させるため，副校長の配置，教頭の複数配置，主幹教諭の配置，事務長の配置等により，校長がよりリーダーシップを発揮できる体制を整備すること

③ 教職員がそれぞれの専門性を伸長し，十分に発揮できるよう，校務分掌や校内委員会のもち方，業務の内容や進め方の見直し，教職員のメンタルヘルス対策等に取り組むこと

④ 教職員間に「同僚性」を形成すること

　上記の視点に基づき，チーム学校の機能を十分発揮できるようにするためには，チーム学校の構成員である全ての教職員，SC や SSW，地域の専門機関等が，連携，協働して教育活動を進めていかなければならない。その際，異なる専門領域をもつ者同士が，互いの見方，考え方，専門家としての科学的，文化的背景を理解し，関係性を深めるため，次の4つの姿勢が求められる。

　① 一人で抱え込まない
　② どんなことでも問題を全体に投げかける
　③ 管理職を中心に，ミドルリーダーが機能するネットワークをつくる
　④ 同僚間での継続的な振り返り（リフレクション）を大切にする

## 2　生徒指導体制

　学校には，校種，学校規模，地域の特性等によって異なるが，教務部，研修部，生徒指導部，進路指導部，保健安全部等の校務分掌が組織され，校長の管理の下，各主事，主任，コーディネーターが指導助言，連絡調整に当たる。

　一方，生徒指導は SDGs の視点「誰一人取り残さない」ことを目指し，全ての児童生徒の健全な成長を目指すため，全ての教職員が全教育活動を通して推進に当たる。したがって，全ての校務分掌がその組織の目的や役割を通して，直接的，間接的に生徒指導に関わることになる。

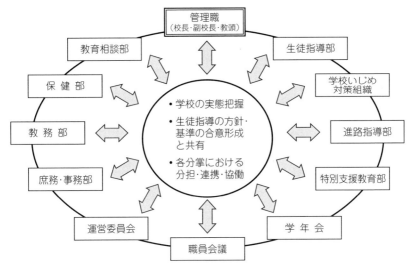

**図３-２　生徒指導の学校教育活動における位置付け**

出所：文部科学省（2022：74）.

## 1. 生徒指導部，生徒指導主事の役割

　学校によって名称は様々だが，生徒指導推進の中核を担うのが，生徒指導部である。その構成も学校により様々であるが，生徒指導主事（主任），各学年の生徒指導担当，教育相談コーディネーター，養護教諭等からなる。

　生徒指導部会は定例で行われ，これには管理職も参加することが望ましく，管理職の指導の下，生徒指導主事をリーダーとして生徒指導の体制を組み，推進していく。また，問題行動などの事例を取り扱うような場合には，SC や SSW の出校日に合わせて開催することも必要である。

　生徒指導部会の主な役割は，全校的な生徒指導推進の計画立案，企画運営，児童生徒についての情報共有，問題行動の早期発見，その対応に関する指導，支援の方針や役割分担，関係者・関係機関との連絡調整などを協議，検討する。

　ところで，生徒指導体制とは生徒指導部会のみを指すものではない。図３-２が示すように，全ての児童生徒を対象に，全ての教育活動を通した，全校的な指導，支援を展開する体制であることを忘れてはならない。

　この中にあって，生徒指導主事は，生徒指導部会の運営のみならず，校内，

校外にわたる生徒指導全般の企画，運営，指導，支援を司る。『提要改訂版』に示された主な役割は，以下の4点になる。

① 校務分掌上の生徒指導の組織の中心として位置付けられ，学校における生徒指導を組織的・計画的に運営していく責任をもつ。なお，教科指導全般や特別活動において，生徒指導の視点を生かしたカリキュラム開発を進めていくことも重要な役割である。

② 生徒指導を計画的・継続的に推進するため，校務の連絡・調整を図る。

③ 生徒指導に関する専門的事項の担当者になるとともに，生徒指導部の構成員や学級・ホームルーム担任，その他の関係する教職員に対して指導・助言を行う。

④ 必要に応じて児童生徒や保護者，関係機関等に働きかけ，問題解決に当たる。

上記の役割を果たしていくため，生徒指導主事には次の姿勢が求められる。

① 生徒指導の意義や課題を十分に理解しておくこと。

② 学校教育全般を見通す視野や識見をもつこと。

③ 生徒指導上必要な資料の提示や情報交換によって，全教職員の意識を高め，共通理解を図り，全教職員が意欲的に取組に向かうように促す指導性を発揮すること。

④ 学校や地域の実態を把握し，それらを生かした指導計画を立てるとともに，創意・工夫に基づく指導・支援を展開すること。

⑤ 変動する社会状況や児童生徒の心理を的確に把握し，それを具体的な指導・支援の場で生かすこと。

なお，学校規模にもよるが，小学校においては生徒指導主事が学級担任を兼任している場合も多いため，副校長，教頭，養護教諭を加えて生徒指導主事の役割を果たすことも考えられる。

## 2. 学年・校務分掌を横断する生徒指導体制

　生徒指導は学校全体で取り組み，全ての教職員によって行われなければならない。特に児童生徒に直接関わることの多い学級・ホームルーム担任は，学級・ホームルーム経営を充実させることが重要である。その上で，各学年，各校務分掌，各種校内委員会が連携・協働し組織として機能することが求められる。

　そのためには，まず管理職がリーダーシップを発揮し，学校のビジョンの共有を推し進めなければならない。その上で，教務主任，学年主任，特別支援教育コーディネーター等のミドルリーダーによる横のつながり，ベテラン，ミドル，若手教員との組み合わせを工夫した分掌組織の縦のつながり等，校内連携体制を強化していくことが，不可欠になる。

　こうした生徒指導体制づくりにおける基本的な考え方が，以下の3点になる。

　　① 生徒指導の方針・基準の明確化・具体化

　　② 全ての教職員による共通理解・共通実践

　　③ RV＝PDCA サイクルに基づく運営

　学校では，「生徒指導基本指針」や「生徒指導マニュアル」を作成し，生徒指導の方針・基準を明確にすること。各教職員の共通理解はもとより，ホームページ等への掲載等を通して，保護者，地域住民に周知を図り，信頼関係の醸成に努めること。一貫性のある生徒指導を，学校，家庭，地域社会で協働で行っていくこと。学校評価等により，定期的な見直し，検討，修正による，生徒指導方針の更新を行っていくこと等が重要になってくる。

## 3. 生徒指導のための教職員の研修

　生徒指導体制を充実させるためには，児童生徒の発達観，各発達段階の特徴や発達課題，発達障害や精神疾患の見立てとその対応方針等をはじめとして，現状の社会状況とその中で果たすべき学校教育の課題等について研修を充実させていくことが重要となる。その研修は，校内研修と校外研修に大別される。

　校内研修には，授業研究のように全教職員が参加して組織的・計画的に行われる研修と，たとえば図書館部会が児童生徒の読書傾向を調査し，読書の幅を

広げるためにはどのような計画で図書館運営に当たるかなど，校務分掌に基づき，特定の教職員によって行われる研修がある。

校外研修には，まず教育委員会等によって主催される初任者研修や中核教員等に対する資質向上研修と，教務主任や特別支援教育コーディネーター等を対象に，校務分掌組織におけるリーダーシップ発揮が期待され専門的な資質・能力向上を目指す研修の２つがある。また，先進校の研究会などへ，個人で申し込んで参加し，自らの資質向上を目指す研修もある。いずれにせよ，教員免許更新制度の廃止に伴い，校長が教職員各自のオーダーメイドの育成計画に基づいた研修計画を立案し，教職員も自らのキャリア形成を見通して計画的に研修に取り組み，自発的に資質能力を向上させていくことが必要となった。

研修で大事なことは，「教師は教える人，児童生徒は教わる人」という立場から脱却し，教職員と児童生徒は互いに影響を及ぼし合う相互影響的な関係であることを認識することである。そして，専門家としての教員が，自らの教育観やそれに基づく教育実践を省察し，更新することが大切になる。そのことが，児童生徒に，学校が学び合う文化，風土として定着することにつながる。

## 3 教育相談体制

学校教育相談の在り方は，集団に対して指導的な立場を取る生徒指導に対し，個別指導に特化した学校のミニ・クリニック的存在からはじまり，これまで様々に議論されてきた。『提要改訂版』では，チーム学校として連携・協働する，生徒指導と教育相談のより一体化を図る考え方に整理されている。

### 1. チーム学校における教育相談活動
教育相談の目的は，『提要改訂版』によると「児童生徒が将来において社会的な自己実現ができるような資質・能力・態度を形成するように働きかけること」である。さらに，「教育相談は，生徒指導の一環として位置付けられ，重要な役割を担うものであることを踏まえて，生徒指導と教育相談を一体化させて，全教職員が一致して取組を進めることが必要」と，両者の一体化に踏み込

んだ記述がなされている。そのための教職員等の姿勢を次のように求めている。

① 指導や支援の在り方を教職員の価値観や信念から考えるのではなく，児童生徒理解（アセスメント）に基づいて考えること。

② 児童生徒の状態が変われば指導・支援方法も変わることから，あらゆる場面に通用する指導や支援の方法は存在しないことを理解し，柔軟な働きかけを目指すこと。

③ どの段階でどのような指導・支援が必要かという時間的視点をもつこと。

学校における教育相談は，学校内外の連携・協働によって進めるため，コーディネーターとしての教育相談担当の存在が重要になる。また，チームで行うことについて，閉ざされた組織内のオープンな情報共有という守秘義務の徹底については，取り扱う事例によっては，情報共有の範囲が異なってくることが考えられる。慎重にルールを作成する必要がある。

## 2.　教育相談活動の全校的展開

『提要改訂版』では，生徒指導の在り方は，全ての児童生徒を対象にした「2軸3類4層構造」に整理された。チーム学校における生徒指導と教育相談の一体化との考え方から，教育相談も以下の4層に整理された。

発達支持的教育相談，課題予防的教育相談（課題未然防止教育），課題予防的教育相談（課題早期発見対応），困難課題対応的教育相談である。

発達支持的教育相談は，個々の児童生徒の成長・発達の基盤をつくるもので，日常の教育活動を教育相談の視点を意識しながら行っていくことである。学習を通して望ましい人間関係をつくる，問題解決において協働的に取り組むスキルを身に付けるといったことで，教育相談的な教育活動といえる。

課題予防的教育相談は，全ての児童生徒を対象とした，ある特定の問題や課題の未然防止を目的に行われる教育相談である課題未然防止教育と，ある問題や課題の兆候が見られる特定の児童生徒を対象として行われる教育相談の課題早期発見対応の2つに区分される。

課題未然防止教育は，たとえば，いじめ防止プログラムなどがこれに当たる。

　課題早期発見対応は，発達課題の積み残しや何らかの脆弱性を抱えた児童生徒，あるいは環境的に厳しい状態にある児童生徒を早期に見つけ出し，即応的に支援を行う場合等がこれに当たる。早期発見は，日常の丁寧な関わりと観察や定期的な面接，日記や絵画等の作品の活用，質問紙調査が挙げられる。早期対応の方法としては，定期的な生徒指導部会における気になる児童生徒の情報共有や，生徒指導記録，個別の指導計画等の活用によるスクリーニングによってチーム支援の方針を立てて実行すること等を指す。

　困難課題対応的教育相談は，困難な状況において苦戦している特定の児童生徒，発達や適応上の課題のある児童生徒等を対象として，困難課題に対してケース会議を行い，必要に応じて SC や SSW の専門性を生かした教育的，心理学的，あるいは学校外のネットワークを活用した発達，医療，福祉等の観点からアセスメントを行い，課題解決の短期的視点，同様の課題発生を防ぐ中長期的な視点から，チーム学校としての支援を行っていく。

　ただし，課題の発生，対応で，学級・ホームルーム担任が傷つき体験や追い込まれ状態を経験している場合，いきなりチーム支援体制を組むことで，さらに担任の機能低下を招く場合がある。その場合，教育相談コーディネーターやSC が，「あなたは学級経営の専門家，私は教育相談の専門家」という専門家同士の対等な関係性を保障した相互コンサルテーションを実施することが有効で，担任が元気回復した後にチーム支援体制に切り替えるという方法もある。

## 3. 教育相談のための教職員の研修

　『提要改訂版』には，教育相談コーディネーターは，「心理学的知識や理論，カウンセリング技法，心理面に関する教育プログラムの知識・技法だけでなく，医療・福祉・発達・司法についての基礎的知識をもつことが求められる」，学級・ホームルーム担任は，「発達障害や愛着などを含む心理的発達や社会的発達についての基本的な知識や学級・ホームルーム経営に生かせる理論や技法，カウンセリングの基礎技法などについての基本的な理解を身に付けることが望まれる」とあり，教育相談に関する研修の重要性が強調されている。さらに，

「学級・ホームルーム担任には，いじめや不登校に関する基本的理解と予兆の現れ方，スクリーニングの方法等についての研修も必要」とある。

　これまでに取り組んできたソーシャル・スキル・トレーニングやいじめ防止プログラム，自殺防止教育等も含め，学校教育相談体制を十分に機能させるため，教育相談について研修することは，学校における喫緊の課題といえる。

### 4.　教育相談活動の年間計画

　発達支持・課題予防（課題未然防止教育・課題早期発見対応）・困難課題対応の3類4層構造の教育相談の実践は，教育相談コーディネーターやSCが個別に行うものではなく，全教職員がチームとして実践していくものである。そのためには，校種，学校規模，教職員構成，児童生徒や地域の実態に即したチーム体制づくりを行う必要がある。そこで，学校の教育活動計画に教育相談を位置づけること，全ての児童生徒を対象とした発達支持的教育相談と課題未然防止教育は，年間計画を作成して計画的，組織的に実践することが重要となる。

　学校評価からは，学校教育相談の体制や活動について検討し，よかった点は全教職員で共有することで自己効力感を向上させ，改善点については具体的に修正を加えていくことが，同じ課題の発生を繰り返さないことにつながる。

## *4*　生徒指導と教育相談が一体となったチーム支援

　これまでは，生徒指導の指導的態度，教育相談の受容的態度と，異なる視点から両者が対立的になる様子も見られた。また，校務分掌上，生徒指導，教育相談，特別支援教育，キャリア教育は，それぞれの主事やコーディネーターの指揮の下，教育活動を展開してきた。たとえばいじめや非行は生徒指導，学校不適応や不登校は教育相談，学習の困難さや発達障害は特別支援教育，進路の悩みはキャリア教育（進路指導）と，分業的な体制で取り組むきらいがあった。

　これでは，抱える課題が複合的，重層的な児童生徒に対するアセスメントの精度が低下し，適切な支援や指導に支障をきたす危険性を生じてしまう。

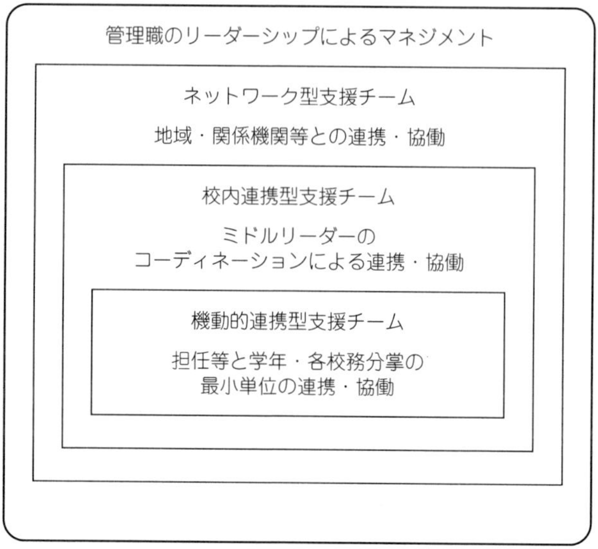

**図3-3　支援チームの形態**

出所：文部科学省（2022：92）.

　教育相談は全ての児童生徒を対象に，発達支持的，課題予防的，困難課題対応的な機能をもつ働きであり，この考え方は生徒指導と一致するものである。特にアセスメントについては，一人一人の児童生徒に対して適切な指導・支援の計画，実践を目指して，学習面，心理・社会面，進路面，健康面の状況や家庭環境等についての情報を収集・分析するため，特に重要な活動となる。このアセスメントに基づき，管理職のリーダーシップの下，関係教職員，専門家・専門機関が連携・協働をして，図3-3のようにチーム支援体制を形づくることになる。

## 1. 困難課題対応的生徒指導及び課題早期発見対応におけるチーム支援

　既に課題を抱えて苦しみ，あるいは危機に陥っている児童生徒に対する支援は，以下のようなプロセスを経て実施される（図3-4）。その際，生徒指導，教育相談，特別支援教育，養護教諭等の各主事，コーディネーターの果たす役割が極めて重要になる。

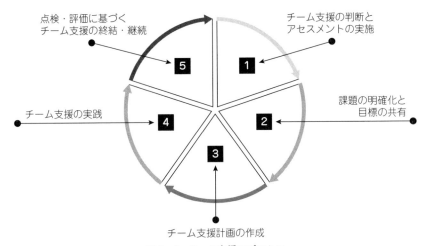

図3-4　チーム支援のプロセス
（困難課題対応的生徒指導及び課題早期発見対応の場合）
出所：文部科学省（2022：90）.

① チーム支援の判断とアセスメントの実施

　関係教職員，必要に応じて SC，SSW 等も参加し，ケース会議を開いてアセスメントを行い，チーム支援の必要性を判断する。

② 課題の明確化と目標の共有

　課題を明確にし，支援の着地点となる目標と役割分担を行う。目標は，目前の課題解決と同じ課題を再び発生させない短期的，中長期的な視点で設ける。

③ チーム支援計画の作成

　短期・中長期目標，役割分担，支援の場所，支援内容・方法，支援の期間と終結時期を明確にし，支援計画を作成する。

④ チーム支援の実践

　チーム支援計画に基づいて支援を実施するが，次の点に留意する。

　　●定期的なチームケース会議の開催による進捗状況の把握と評価

　　●全関係者の情報共有と記録の作成，保持

　　●管理職，必要に応じて教育委員会等への報告・連絡・相談

⑤ 点検・評価に基づくチーム支援の集結・継続

　チームケース会議で支援計画を策定した短期的，中長期的目標の達成状況を

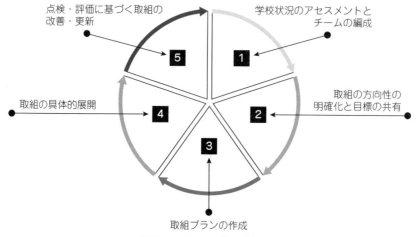

**図3-5 チーム支援のプロセス**
（発達支持的生徒指導及び課題未然防止教育の場合）

出所：文部科学省（2022：94）.

評価する。達成したと判断された場合にはチーム支援を終結する。その際，互いの労をねぎらうことは大切である。年度末の評価で継続が判断された場合には，新年度に再度チーム支援体制を組み，継続していく。

## 2. 発達支持的生徒指導及び課題未然防止教育におけるチーム支援

チーム支援は，全ての児童生徒を対象にした発達支持的生徒指導及び課題未然防止教育においても重要である。以下，支援のプロセスを示す（図3-5）。

① 学校状況のアセスメントとチームの編成
② 取組の方向性の明確化と目標の共有
③ 取組プランの作成
④ 取組の具体的展開
⑤ 点検・評価に基づく取組の改善・更新

このように，チーム支援においてはアセスメントと，計画，支援の実施，評価・点検，見直し・修正を循環的に繰り返す PDCA サイクルが重要となる。

## *5*　危機管理体制

学校安全は，生活安全，交通安全，災害安全の3領域から学校安全計画に基づき全教職員によって実現される教育活動である。学校環境が安全・安心であることが，児童生徒の健やかな成長や学力の向上を図ることにつながる。

### 1.　学校危機とは

学校危機とは，事故や事件，災害等によって学校運営に支障をきたす事態で，通常の方法では解決に困難な場合を言う。学校管理下の学校レベルの危機，学校管理下外の個人レベルの危機と，2つのレベルがある。

学校レベルの危機には，けんか，いじめ，暴力，授業や課外活動中のけがや熱中症，実験で生じた火災等から，学校全体の混乱である食中毒や不審者侵入による傷害，殺傷等がある。いずれも，児童生徒本人，関係者の心身の健康の回復と安定を図るために必要な支援を行うことが求められる。個人レベルの危機には，帰宅後に遭遇した事故や事件，性的被害，貧困やヤングケアラーの問題，虐待，家族の死亡等がある。これらは学校管理下外であっても，児童生徒本人のみならず学校の友人関係等にも配慮した対応が学校には不可欠となる。

また，地震や豪雨等の自然災害の発生によって地域全体の危機が生じた場合には，多くの児童生徒が同時発生的に同様の危機状態を経験することになり，休日や夜間であっても，安否確認や居住所，通学路の安全確認が必要となる。

教職員個人の危機についても，児童生徒の心配や不安に影響を及ぼすことが想定される場合には，学校として対応することが必要となる。

### 2.　リスクマネジメント

学校は，児童生徒の事件・事故の未然防止や，災害の影響を最小限に留め，安全確保のための取組を行う。安全管理では，学校の施設設備の定期的な点検を行い，必要な箇所には修繕を行ったり，大規模な改善が必要な場合は次年度の予算要求をしたりする。安全教育では，危険予測学習等を取り入れ，児童生

徒の危険回避，被害防止に努める。これら安全管理と安全教育は関連させて推進することが大切である。そのため，以下の取組が重要となる

① 危機管理マニュアルの整備

危機の防止，危機発生時の児童生徒，教職員の安全確保，警察や消防，保護者，教育委員会，自治体や自治会，臨床心理士会等との連携による危機対応と危機後の心のケアまで策定され，毎年，見直し，修正がなされる。

② 危機対応の実践的研修

災害や不審者対応の避難訓練，緊急時の短縮授業や休校，保護者説明会やマスコミ対応等についても教職員は共通理解し，協働実践できるように努めることが大事である。また，心のケアについて，危機直後の緊張，緩和，怒りの感情の生起等，基礎的な理解を図ることも大切である。

③ 日常の観察や未然防止教育等の実施

教職員と SC が協働で実施する「こころの教室」等では，ソーシャル・スキル・トレーニング，ストレスやアンガーマネジメント，SOS の出し方を含む自殺予防教育等を実施している。日常的に実施するこれらのリスクマネジメントは，学校危機のリスクを低減する取組にもなる。


3. クライシスマネジメント

安全管理，安全教育に十分に取り組んでいたにもかかわらず，突然発生するのが危機である。学校危機も例外ではない。その際には，危機対応と心のケアを迅速かつ適切に行うことによって，被害を最小限にとどめる必要がある。

① 初期段階の対応と早期の介入

危機への初期対応と早期介入は，危機対応で最も重要である。事件・事故の場合，負傷者の応急手当や救命救急処置，救急車の要請，災害の場合，児童生徒の安全な場所への誘導，点呼，被害の情報収集，警察と消防への通報，保護者連絡等，教職員は役割分担し迅速に行う必要がある。

② 中・長期の支援

危機介入後，日常の学校生活に戻っていく過程で，心のケアについて，SC や SSW と協議し，保護者とも連携し，アセスメントに基づく対応を

進める。不安や心配の情緒的側面のみならず，休んでいた間の友人関係の再構築等の社会的側面も含めて，包括的な支援を行うことが必要になる。

③　再発防止への取組

　危機対応では，危機介入と同時並行して再発防止への取組を実施する。安全管理の見直し，安全教育の強化，危機管理体制の見直し等は，次の危機に備えたリスクマネジメントへの循環的な取組になる。

　ちなみに，危機の英語表記「crisis」の語源はギリシャ語の「krinein」で，「分水嶺」，「峠」を意味する。峠を登るのはつらい作業で，峠の向こうに位置する目標地点が見えず苦しい。しかし，峠の頂では，はっきり目標を捉えることができ，今度は下り坂となり，歩みにも元気が出てくるし，心力強くもなる。学校危機も，この峠の登坂と同様である。危機に介入し対応していくことは，児童生徒，保護者，教職員にとって誠につらい作業である。しかし，ともに登坂する作業は，新たな目標を明確にし，皆で共有し，支え合い，励まし合って進む作業となる。危機は，それぞれの人生の歩みをより力強くする機会（チャンス）でもあるのだと捉えたい。

## 6　生徒指導に関する法制度等の運用体制

　校則の在り方については，改訂作業中から社会的に注目を集めた。生徒指導上，教職員が留意すべき視点に「児童の権利に関する条約」がある。校則や法制度は，この視点が基盤にあることをよく理解して運用に当たりたい。

### 1. 校則の運用，見直し

　学校の校則の策定に関して，法令上の規定はない。校則は，児童生徒の発達段階，学校や地域の状況，時代背景等を踏まえ，児童生徒が安全・安心な学校生活を送り，健全に成長・発達していけるよう，学校教育目標に照らして，最終的には校長により制定されるものである。

　『提要改訂版』では，「校則を守らせることばかりにこだわることなく，何の

ために設けたきまりであるのか，教職員がその背景や理由についても理解しつつ，児童生徒が自分事としてその意味を理解して自主的に校則を守るように指導していくことが重要」としている。また，「校則の内容について，普段から学校内外の関係者が参照できるように学校のホームページ等に公開しておくことや，児童生徒がそれぞれのきまりの意義を理解し，主体的に校則を遵守するようになるために，制定した背景等についても示しておくことが適切」とする。さらに，「校則に違反した場合には，行為を正すための指導にとどまるのではなく，違反に至る背景など児童生徒の個別の事情や状況を把握しながら，内省を促すような指導となるよう留意」することを求めている。

## 2. 校則の見直し

『提要改訂版』が社会的な注目を集めたのは，「校則を制定してから一定の期間が経過し，学校や地域の状況，社会の変化等を踏まえて，その意義を適切に説明できないような校則については，改めて学校の教育目的に照らして適切な内容か，現状に合う内容に変更する必要がないか，また，本当に必要なものか，絶えず見直しを行うことが求められる」という立場を鮮明にしたからである。そして，「校則によって，教育的意義に照らしても不要に行動が制限されるなど，マイナスの影響を受けている児童生徒がいないか，いる場合にはどのような点に配慮が必要であるか，検証・見直しを図ることも重要」と述べ，校則が必ずしも教育的意義に沿ったものになっていない現状を明らかにした。

さらに，校則の見直しについて，「内容によっては，児童生徒の学校生活に大きな影響を及ぼす場合もあることから，その在り方については，児童生徒や保護者等の学校関係者からの意見を聴取した上で定めていくことが望ましい」と，踏み込んだ記述をしている。その上で，「見直しに当たっては，児童会・生徒会や保護者会といった場において，校則について確認したり議論したりする機会を設けるなど，絶えず積極的に見直しを行っていくこと」と明記された。

校則の見直しに児童生徒が参画することは，児童生徒に学校の構成員としての自覚を深め，自らが校則を守ろうとの意識を醸成することにつながる。また，校則とすることの根拠と影響について考える機会は，やがて社会の構成者とな

る者としての社会性，自律性を高める機会ともなるであろう。

### 3.　懲戒と体罰，不適切な指導

　懲戒は，学校教育法第11条，同施行規則第26条によって，校長および教員は，教育上必要があると認めるときは児童生徒に懲戒を加えることができると規定されている。ただし，体罰を加えることはできないとも規定されている。「教育上必要」としていることが重要で，ここには児童生徒が成長するための教育上の効果を期待して懲戒は行われるべきであるとの願いが込められている。したがって，本人の言い分をしっかり聴いたり必要な情報を収集したりして事実確認を十分にした上で適切に行うこと。指導後も心身の状態を把握したり保護者の理解を得たりすること。このような配慮が欠かせない。

　懲戒には，教師が行う叱責や居残り，罰としての作業を課すことなどの事実行為としての懲戒，校長が行う停学や退学といった法的効果を伴う懲戒の2種類がある。停学は，教育を受ける権利を一定期間停止するもので，義務教育段階の児童生徒に対しては行うことができない。退学は，性行不良や学校の秩序を乱した生徒に対して行うもので，公立の小中学校，義務教育学校，特別支援学校に在学する児童生徒には行うことができない。

　体罰は，「問題行動を起こす児童生徒に対する指導について」（2007年2月5日通知）で，「正常な倫理観を養うことはできず，（中略）いじめや暴力行為などの土壌を生む恐れがある」と言明された。また，「体罰の禁止及び児童生徒理解に基づく指導の徹底について」（2013年3月13日通知）でも，体罰防止に向けた組織的指導体制整備の必要性を提唱し，特に運動部活動の指導場面において体罰が発生することが多いことに鑑み，部活動指導が教育的指導となるような配慮・対応を求めている。『提要改訂版』では，「不適切な指導と考えられる例」を表のように掲げているが，これは今までになかったことである。体罰や不適切な言動は，学校生活全体を通し許されないことだと留意したい。

### 4.　出席停止制度の趣旨と運用

　出席停止は学校教育法第35条に規定された保護者に命ずることのできる処分

表 3-1　不適切な指導と考えられ得る例

- ●大声で怒鳴る，ものを叩く・投げる等の威圧的，感情的な言動で指導する。
- ●児童生徒の言い分を聞かず，事実確認が不十分なまま思い込みで指導する。
- ●組織的な対応を全く考慮せず，独断で指導する。
- ●殊更に児童生徒の面前で叱責するなど，児童生徒の尊厳やプライバシーを損なうような指導を行う。
- ●児童生徒が著しく不安感や圧迫感を感じる場所で指導する。
- ●他の児童生徒に連帯責任を負わせることで，本人に必要以上の負担感や罪悪感を与える指導を行う。
- ●指導後に教室に一人にする，一人で帰らせる，保護者に連絡しないなど，適切なフォローを行わない。

出所：文部科学省（2022：105）.

である。第 1 項には性行不良であること，他の児童生徒に教育を受ける妨げがあると認められることという基本的要件を示している。第 2 項には出席停止を命じる場合，当該教育委員会は「あらかじめ保護者の意見を聴取するとともに，理由及び期間を記載した文書を交付しなければならない」と規定している。第 4 項には「出席停止の期間における学習に対する支援その他の教育上必要な措置を講ずる」と規定しており，学校には当該児童生徒が円滑に学校に復帰できるような支援，指導が必要である。なお，いじめ防止対策推進法第26条には，いじめを行った児童生徒への対応の 1 つとしての出席停止が示されている。

## 7　学校・家庭・関係機関等との連携・協働

『提要改訂版』では，学校は，「様々な不公平や格差の是正・解消のための重要な意義と役割を有しており，児童生徒の健全育成，最善の利益の保障や達成に係る重要なインフラであり，セーフティネットであると捉えること」ができるとし，社会貢献の重要な役割を担っていることが示された。このことは，学校には家庭や地域の方々，教育委員会，警察や司法，福祉や医療等，様々な関係諸機関と連携・協働していくことがますます求められていることを指す。

## 1. 連携・協働の場としての学校の意義と役割

　現在，学校には「社会に開かれた教育課程」の具現化によるよりよい社会の構築，複雑化・重層化した児童生徒のニーズへの対応，学校の働き方改革の実現，教員の専門性を生かすこと等が求められている。そのために，『提要改訂版』では，「学校を多職種・多機関との連携・協働の場とすること」，「地域にある社会資源を学校に迎え入れ，社会全体で児童生徒の学びと育ちを支えることを目指す学校改革」が求められるとしている。そこで，学校は地域の実情をよく把握し，「家庭や地域，関係機関等と円滑な連携・協働を図るために，生徒指導基本方針や生徒指導マニュアル等において，地域に存在する関係機関等の役割や権限，連携方法などについて明記し，教職員間で共通理解しておくこと」が大切であると，家庭や地域等との連携・協働の重要性を協調している。

## 2. 学校と家庭，地域との連携・協働

　教育基本法第10条では，保護者は子どもの教育の第一義的な責任者であると規定している。家庭教育は子どもに大きな影響を与える。そのため，学校と家庭の十分な連携が，生徒指導の充実，学校教育の円滑な運営を図るとともに，児童生徒の健全な成長の実現を可能にするといえる。学校は，家庭との関係づくりのため，学校・学級便り，安心メールの活用，PTA，保護者会，個人面談等，様々な工夫をしている。しかし，近年はひとり親家庭の増加傾向にあり，保護者への支援も学校にとって重要な活動となっている。SC，SSW，自治体の福祉課等と連携しつつ，児童生徒と保護者双方への支援を実施したい。

　文科省の調査「令和4年度コミュニティ・スクール及び地域学校協働活動実施状況について」(2022) では，コミュニティ・スクール（学校運営協議会制度）の導入は1万3,198協議会（1万5,221校）で，全国の公立学校の42.9%を占めている。学校運営と町づくりとの連携・協働により，地域のゲストティーチャーによる体験活動や郷土の歴史，文化学習，学習支援ボラティアによる授業の補助や部活動の支援，放課後子ども教室，登下校の見守り活動，社会施設や企業等による出前授業等，地域の特色に応じて様々な取組が展開されている。

**3. 学校と関係機関との連携・協働**

　児童生徒の健全な育成のため，学校が連携・協働する専門機関には様々なものがある。以下，名称を紹介する。詳細は，『提要改訂版』を参照されたい。

① 教育委員会：義務教育課，生徒指導担当の指導主事，教育支援センター（適応指導教室），スクールロイヤー（教育行政に関与する弁護士）

② 警察・司法：少年相談係，少年補導職員，少年サポートセンター，スクールサポーター，学校警察連絡協議会，補導連絡会，家庭裁判所，少年鑑別所，少年院，法務少年支援センター，保護司，更生保護サポートセンター

③ 福祉：児童相談所，自治体の虐待対応担当課，要保護児童対策地域協議会

④ 医療・保健：医療機関，発達障害教育推進センター，発達障害情報・支援センター，保健所・保健センター

⑤ NPO 法人：NPO 法人，フリースクール等

---

　**学習課題**

1. たとえば虐待について，学校，教育委員会指導主事，児童相談所，自治体の福祉課，児童委員，警察等の関係機関がケース会議を実施する場合，どのようなことに留意しなければならないか，自分なりに説明してみよう。

2. 教師による児童生徒への不適切な指導や体罰がなかなか止まらない原因は何か，どうすれば止められるか，自分なりに説明してみよう。

---

**引用・参考文献**

石隈利紀（1999）『学校心理学――教師・スクールカウンセラー・保護者のチームによる心理教育的援助サービス――』誠心書房.

文部科学省（2007）『問題行動を起こす児童生徒に対する指導について（通知）』.

文部科学省（2015）『チームとしての学校の在り方と今後の改善方策について』中央教育審議会答申.

文部科学省（2017）『小学校学習指導要領（平成29年告示）解説　総則編・特別の教

科道徳編・総合的な学習の時間・特別活動編』.

文部科学省（2013）『体罰の禁止及び児童生徒理解に基づく指導の徹底について（通知)』.

文部科学省（2022）『令和 4 年度コミュニティ・スクール及び地域学校協働活動実施状況について』.

文部科学省（2023）『生徒指導提要』東洋館出版社.

（大久保敏昭）

第4章

# 個別の課題に対する生徒指導

　不安定，不確実，複雑，不明確と特徴づけられる現代社会において，子どもたちが抱えている「心の危機」も深刻化し多様化している。すなわち，これら子どもたちの「心の危機」は，大人や社会，教員や学校に対する「問題提起の行動」であるとも考えられよう。このように捉えるとき，「困った」行動をする児童生徒は，実は課題を抱えて「困っている」児童生徒なのではないだろうか。さらに現今，多様な背景をもつ子どもたちが増加している。ここに，多様性（diversity）を認め，包摂（inclusion）をめざす生徒指導のあり方が求められている。

　これらを実現するためには，目前の問題への対応など課題解決的な指導だけでなく，児童生徒の問題行動等の発生を未然に防止すること，早期発見・対応をすること，さらに成長を促す指導等，積極的な生徒指導を充実させることが重要である。

## *1* いじめ

## 1. いじめ防止対策推進法等

### ① いじめ防止対策推進法の成立

　国立教育政策研究所による『いじめ追跡調査 2016-2018 調査』において，「『暴力を伴わないいじめ』というのは，『お互いにやったりやられたりする行為』，『誰でもが被害者としても加害者としても巻き込まれやすい行為』である」とされている。そして，イギリスの研究誌に掲載された，フィンランドの青少年におけるいじめ，うつ病，自殺願望に関する調査では，その加害者の心

身の健全な発達にも重大な影響を及ぼすとの報告もある。いじめは，本章で取り上げる個別課題を引き起こす背景ともなり，その影響する裾野は広い。また10節の多様な背景をもつ児童生徒との関連についても十分に配慮する必要がある。

　2010（平成22）年の『生徒指導提要』では，「いじめは日常生活の延長上で生じ，当該行為がいじめか否かの逸脱性の判定が難しいところに特徴」があり，「いじめは児童生徒の心身の健全な発達に重大な影響を及ぼし，不登校や自殺，殺人などを引き起こす背景ともなる深刻な問題です。しかも，最近のいじめは携帯電話やパソコンの介在により，一層見えにくいものになっています。教員は，いじめはどの子どもにも，どの学校においても起こりえるものであること，また，だれもが被害者にも加害者になり得るものであることを十分に認識しておく必要」があるとしている。

　このような問題を含むいじめについて，2013（平成25）年に「いじめ防止対策推進法」（以下「いじめ防止法」という）が成立し同年9月から施行されているが，いじめについて，その第2条で「児童等に対して，当該児童等が在籍する学校に在籍している等当該児童等と一定の人的関係にある他の児童等が行う心理的又は物理的な影響を与える行為（インターネットを通じて行われるものを含む）であって，当該行為の対象となった児童等が心身の苦痛を感じているものをいう」と定義されている。

　その第1条には，この法律の目的を「いじめが，いじめを受けた児童等の教育を受ける権利を著しく侵害し，その心身の健全な成長及び人格の形成に重大な影響を与えるのみならず，その生命又は身体に重大な危険を生じさせるおそれがあるものであることに鑑み，児童等の尊厳を保持するため，（中略）いじめの防止等のための対策を総合的かつ効果的に推進することを目的とする」としている。この「いじめ防止法」の基本的な方向性は，「社会総がかりでいじめ防止に取り組むこと」「重大事態への対処（いじめの重大事態調査を含む）において公平性・中立性を確保すること」である。そこで，各学校では，「①いじめ防止のための基本方針の策定と見直し，②いじめ防止のための実効性のある組織の構築，③未然防止・早期発見・事案対処における適切な対応」

を行うことになったのである。

## ② いじめの重大事態と国の基本方針の策定

なお上記の「重大事態」について，「いじめ防止法」第28条で以下のように示されている。

> 学校の設置者又はその設置する学校は，次に掲げる場合には，その事態（以下「重大事態」という）に対処し，及び当該重大事態と同種の事態の発生の防止に資するため，速やかに，当該学校の設置者又はその設置する学校の下に組織を設け，質問票の使用その他の適切な方法により当該重大事態に係る事実関係を明確にするための調査を行うものとする。
>
> 一　いじめにより当該学校に在籍する児童等の生命，心身又は財産に重大な被害が生じた疑いがあると認めるとき
>
> 二　いじめにより当該学校に在籍する児童等が相当の期間学校を欠席することを余儀なくされている疑いがあると認めるとき

「いじめ防止法」第12条には「地方公共団体は，いじめ防止基本方針を参酌し，その地域の実情に応じ，当該地方公共団体におけるいじめの防止等のための対策を総合的かつ効果的に推進するための基本的な方針（以下「地方いじめ防止基本方針」という）を定めるよう努めるものとする」とある。第13条には，「学校は，いじめ防止基本方針又は地方いじめ防止基本方針を参酌し，その学校の実情に応じ，当該学校におけるいじめの防止等のための対策に関する基本的な方針を定めるものとする」と示されている。

この内容を徹底するために，2013（平成25）年には文科大臣名で「いじめの防止等のための基本的な方針」が示されている。そして「重大事態」について「これらの『いじめ』の中には，犯罪行為として取り扱われるべきと認められ，早期に警察に相談することが重要なものや，児童生徒の生命，身体又は財産に重大な被害が生じるような，直ちに警察に通報することが必要なものが含まれる。これらについては，教育的な配慮や被害者の意向への配慮の上で，早期に警察に相談・通報の上，警察と連携した対応を取ることが必要である」と述べ

られている。

　この基本方針を受けて，地方公共団体は，「地方いじめ防止基本方針」を策定することが努力義務となり，各学校は，「学校いじめ防止基本方針」を策定することが義務付けされることになった。『提要改訂版』によると，学校に対して，「方針決定のプロセスにおいて保護者や地域の人々，児童生徒の意見を取り入れることや，策定された方針をホームページなどで公開し，保護者や地域の人々と方針を共有すること」を求めている。

　「いじめ防止法」やそれを受けての国の基本方針を徹底するために，2017（平成29）年には「いじめの重大事態の調査に関するガイドライン」が定められている。これには「学校は，重大事態が発生した場合（いじめにより重大な被害が生じた疑いがあると認めるとき。以下同じ），速やかに学校の設置者を通じて，地方公共団体の長等まで重大事態が発生した旨を報告する義務が法律上定められている」とある。すなわち，いじめに関係する児童生徒や保護者から重大事態であるとの申立てがあったならば，重大事態が発生したものとして報告・調査に当たらなければならないのである。

　『提要改訂版』では，調査結果を被害児童生徒・保護者に対して適時・適切な方法で提供するとともに，「学校及び教育委員会等は，調査結果に基づき，被害児童生徒に対しては安全と安心を取り戻すための継続的なケアを行う必要があります。加害児童生徒に対しても，保護者に協力を依頼し，自己の行為の意味を認識させた上で，成長支援につながる丁寧な指導を行うことが求められます」としている。この点さらに，「いじめや暴力行為などの生徒指導上の課題への対応においては，児童生徒の反省だけでは再発防止力は弱く，自他の人生への影響を考えること，自己の生き方を見つめること，自己の内面の変化を振り返ること及び将来の夢や進路目標を明確にすること」の重要性を指摘している。

　付言するならば，いじめの背景には，誰もがもつ不安や不満，葛藤などを解消しようとする心の働きがあり，その程度も様々である。このような点に留意し，いじめの問題を通して，人間理解が深まり，自分と他者の理解や受容が深まるようにしたい。いじめを契機として，いじめに関わる人間の人生がより良

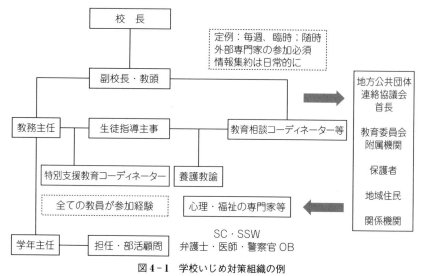

図 4-1　学校いじめ対策組織の例

出所：文部科学省（2022：126）.

きものになることを目指したい。そのためには，まず教師自身の自己理解・自
己受容を深めることが何にもまして大切である。


## 2. いじめの防止等の対策のための組織と計画

### ① いじめの防止等の対策組織の構成

　「いじめ防止法」の第22条には「学校は，当該学校におけるいじめの防止等
に関する措置を実効的に行うため，当該学校の複数の教職員，心理，福祉等に
関する専門的な知識を有する者その他の関係者により構成されるいじめの防止
等の対策のための組織を置くものとする」とある。

　このいじめの防止等の対策組織の構成は，『提要改訂版』によれば，「校長，
副校長や教頭，主幹教諭，生徒指導主事，教務主任，学年主任，養護教諭，教
育相談コーディネーター，特別支援教育コーディネーターなどから，学校の規
模や実態に応じて決定します。さらに，心理や福祉の専門家であるスクールカ
ウンセラー（SC）やスクールソーシャルワーカー（SSW），弁護士，医師，警
察官経験者などの外部専門家を加えることで，多角的な視点からの状況の評価

や幅広い対応が可能」になるとしている。

## ② いじめの防止等の対策組織の役割

　対策組織の具体的な役割について,『提要改訂版』は, 以下のように示している。

- 学校いじめ防止基本方針に基づく年間指導計画（いじめアンケートや教育相談週間, 道徳科や学級・ホームルーム活動等におけるいじめ防止の取組など）の作成・実行の中核的役割を果たす。加えて, 校内研修の企画・実施も重要な役割。
- いじめの相談・通報の窓口になる。複数の教職員が個別に認知した情報を収集・整理・記録して共有する。教職員が感じた些細な兆候や懸念, 児童生徒からの訴えを抱え込んだり, 対応不要であると個人で判断したりせずに, 進んで報告・相談できるように環境を整備することが重要である。
- いじめの疑いのある情報があった場合には, 緊急会議を開催し, 情報の迅速な共有, 関係児童生徒へのアンケート調査や聴き取りの実施, 指導・援助の体制の構築, 方針の決定と保護者との連携といった対応をすること。
- 学校いじめ防止基本方針が学校の実情に即して適切に機能しているか否かについての点検を行うとともに, いじめ対策として進められている取組が効果的なものになっているかどうか, PDCAサイクルで検証を行う役割を担う。
- いじめの重大事態の調査を学校主体で行う場合には, 調査組織の母体にもなる。

　なお,「いじめ防止法」第34条には,「学校の評価を行う場合においていじめの防止等のための対策を取り扱うに当たっては, いじめの事実が隠蔽されず, 並びにいじめの実態の把握及びいじめに対する措置が適切に行われるよう, いじめの早期発見, いじめの再発を防止するための取組等について適正に評価が

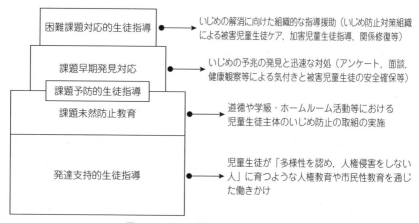

**図 4-2　いじめ対応の重層的支持構造**

出所：文部科学省（2022：129）.

行われるようにしなければならない」とある。

## 3.　いじめに関する生徒指導の重層的支援構造

　村上（2022）は「いじめが慢性的に続くと，子どもの内面に変化が起こる。いじめ続けられるのはつらいため，これを合理化しようとして，いじめる側に同化しようとする心理が働く。（中略）いじめる側に自分自身が加わり，一緒になって自分をいじめるような思考になり始める」とし，そして「外部からの現実のいじめがたとえ止まったとしても，自分で自分をいじめる連鎖反応は継続してしまう」と自己虐待について言及している。

　また，戸田（2013）は「いじめだけでなく虐待や体罰を同時に防止していくことで，被害の連鎖や重複を少しでも抑止していく」ことが可能であるとし，「いじめ対策を支える総合的な予防教育の必要である」と指摘している。

　「いじめ防止法」第 8 条には，「学校及び学校の教職員は，基本理念にのっとり，当該学校に在籍する児童等の保護者，地域住民，児童相談所その他の関係者との連携を図りつつ，学校全体でいじめの防止及び早期発見に取り組むとともに，当該学校に在籍する児童等がいじめを受けていると思われるときは，適切かつ迅速にこれに対処する責務を有する」と規定されている。この点，『提

要改訂版』で示されている，図 4 - 2 の生徒指導の 4 層の支援構造は，この
「いじめ防止法」における「未然防止」・「早期発見」・「対処」というプロセス
の順番と通じるものがある。

## ① いじめ防止につながる発達支持的生徒指導

『提要改訂版』では，いじめに取り組む基本姿勢について，「人権尊重の精神
を貫いた教育活動を展開すること」であると指摘している。すなわち，「児童
生徒が『多様性を認め，人権侵害をしない人』へと育つためには，学校や学級
が，人権が尊重され，安心して過ごせる場となることが必要です。（中略）『全
ての児童生徒にとって安全で安心な学校づくり・学級づくり』を目指すことも，
いじめ防止につながる発達支持的生徒指導と捉えること」ができるとされてい
る。そして以下の四点に留意することを求めている。

- 「多様性に配慮し，均質化のみに走らない」学校づくりを目指す。
- 児童生徒の間で人間関係が固定されることなく，対等で自由な人間関係
  が築かれるようにする。
- 「どうせ自分なんて」と思わない自己信頼感を育む。
- 「困った，助けて」と言えるように適切な援助希求を促す。

## ② いじめ未然防止教育

まず必要なのは，いじめ被害で苦しんでいる児童生徒がいるかもしれないこ
とへの配慮である。その上で『提要改訂版』では次の諸点が指摘されている。

- 頭で理解しているだけでなく，行動レベルで『いじめはしない』という
  感覚を，学校や家庭での日常生活の中で身に付けるように働きかけること。
- 学校においては，道徳科や学級・ホームルーム活動などの時間に，実際
  の事例や動画などを教材に体験的な学びの機会を用意すること。
- 児童生徒がいじめの問題を自分のこととして捉え，考え，議論すること
  により，いじめに対して正面から向き合うことができるような実践的な
  取組を充実させること。
- 児童生徒自身が自分の感情に気付き適切に表現することについて学んだ

り，自己理解や他者理解を促進したりする心理教育の視点を取り入れた
いじめ防止の取組を行うこと。

　さらに，森田（2010）の研究をふまえて，いじめは，いじめる側といじめら
れる側という二者関係だけでなく，それを面白がる「観衆」やいじめを傍観す
る「傍観者」によって成立するとし，次のように解説している。「いじめを防
ぐには，『傍観者』の中から勇気をふるっていじめを抑止する『仲裁者』や，
いじめを告発する『相談者』が現れるかどうかがポイントになります。日本の
いじめの多くが同じ学級・ホームルームの児童生徒の間で発生することを考え
ると，学級・ホームルーム担任が，いじめられる側を『絶対に守る』という意
思を示し，根気強く日常の安全確保に努める取組を行うなどして担任への信頼
感と学級・ホームルームへの安心感を育み，学級・ホームルーム全体にいじめ
を許容しない雰囲気を浸透させること」。
　さらに，未然防止教育として「発達段階に応じて，法や自校の学校いじめ防
止基本方針についての理解を深めるとともに，司法機関や法律の専門家から法
律の意味や役割について学ぶ機会を持つことで市民社会のルールを守る姿勢を
身に付けること」の重要性を指摘し，いじめを法律的な視点から考える観点を
強調している。

### ③ いじめの早期発見対応

　『提要改訂版』では，主ないじめの発見のルートとして，アンケート調査，
本人からの訴え，当該保護者からの訴え，担任による発見を挙げ，「家庭や地
域，関係機関と連携し，いじめに気付くネットワークを拡げることも重要です。
学校の『気付き』と家庭・地域の『気付き』を重ね合わせることで，学校だけ
では見逃されがちないじめの早期発見が可能」になるとしている。
　その上で，対応ではまず被害者の保護が最優先されるとし，その際に留意す
べき点として，「『誰も助けてくれない』という無力感を取り払うこと」「いじ
めに立ち向かう支援者として『必ず守る』という決意を伝えること」「大人の
思い込みで子供の心情を勝手に受け止めないこと」「『辛さや願いを語る』こと

ができる安心感のある関係をつくること」の四点を示している。

　これらの対応とともに，被害者のニーズを確認することについて，「安全な居場所の確保やいじめる児童生徒や学級・ホームルーム全体への指導に関する具体的な支援案を提示し，本人や保護者に選択させること」を挙げている。

　その後の対応については，いじめの加害者への指導と加害者と被害者との関係修復を図ることを指摘し，「加害者の保護者にも協力を要請し，加害者が罪障感を抱き，被害者との関係修復に向けて自分ができることを考えるようになることを目指して働きかけます。その際，いじめの行為は絶対に認められないという毅然とした態度をとりながらも，加害者の成長支援という視点に立って，いじめる児童生徒が内面に抱える不安や不満，ストレスなどを受け止めるように心がけることも大切です。加害側の児童生徒へのアセスメントと指導・援助が再発防止の鍵」になるとしている。同時に，「指導の事前及び対応の過程で被害児童生徒及び保護者の同意を得ること，指導の結果を丁寧に伝えるなどの配慮を行うこと」に留意を促している。

　なお，その後のいじめの解消については，「いじめの防止等のための基本的な方針」には，「被害者に対する心理的又は物理的な影響を与える行為（インターネットを通じて行われるものを含む）が止んでいる状態が相当の期間継続していること。この相当の期間とは，少なくとも３か月を目安とする」と，いじめに係る行為が止んでいることの目安を示している。それに加えて「いじめに係る行為が止んでいるかどうかを判断する時点において，被害児童生徒がいじめの行為により心身の苦痛を感じていないと認められること。被害児童生徒本人及びその保護者に対し，心身の苦痛を感じていないかどうかを面談等により確認する」とポイントを示している。


④　重大事態に発展させない困難課題対応的生徒指導の実際

　『提要改訂版』では，対応が難しく，重大事態に発展するとの危機意識を教職員が共有すべき事例として以下の８つの例を示している。

　　●周りからは仲がよいと見られるグループ内でのいじめ
　　●閉鎖的部活動内でのいじめ

●被害と加害が錯綜しているケース

●教職員等が，被害児童生徒側にも問題があるとみてしまうケース

●いじめの起きた学級・ホームルームが学級崩壊的状況にある場合

●いじめが集団化し孤立状況にある（と被害児童生徒が捉えている場合も含む）

●学校として特に配慮が必要な児童生徒が関わるケース

●学校と関係する児童生徒の保護者との間に不信感が生まれてしまったケース

### 4. 関係機関等との連携体制

「いじめ防止法」第17条に，「国及び地方公共団体は，いじめを受けた児童等又はその保護者に対する支援，いじめを行った児童等に対する指導又はその保護者に対する助言その他のいじめの防止等のための対策が関係者の連携の下に適切に行われるよう，関係省庁相互間その他関係機関，学校，家庭，地域社会及び民間団体の間の連携の強化，民間団体の支援その他必要な体制の整備に努めるものとする」とあり，学校はこれらの連携に努めなければならない。

『提要改訂版』では，「学校だけで抱え込まずに，地域の力を借り，医療，福祉，司法などの関係機関とつながることが重要です」とある。また，いじめの解消と再発防止について，被害者・加害者の保護者との連携が重要性であり，「加害者に被害者の傷つきを認識させて十分な反省を促すとともに，保護者にもいじめの事実を正確に説明し，学校と協力して，成長支援という視点を持ちながら加害者を指導すること」とされている。　　　　　　　　　　（長島明純）

## 2　暴力行為

### 1. 暴力行為に関する対応指針等

### ① 暴力行為のない学校づくりについて

学校における暴力行為について，文科省の「児童生徒の問題行動・不登校等生徒指導上の諸課題に関する調査−用語の解説」では，「自校の児童生徒が，故

意に有形力（目に見える物理的な力）を加える行為」と定義されている。さらに「被暴力行為の対象によって，『対教師暴力』（教師に限らず，用務員等の学校職員も含む），『生徒間暴力』（何らかの人間関係がある児童生徒同士に限る），『対人暴力』（対教師暴力，生徒間暴力の対象者を除く），学校の施設・設備等の『器物損壊』の四形態に分ける」とある。

　この暴力行為に関して，『提要改訂版』では，「暴力行為の発生件数は，中学校，高等学校において減少傾向が見られるものの，小学校においては増加の傾向にあり，全体的にも依然として多くの暴力行為が発生」しているとし，「そのため，全教職員の共通理解に基づき，未然防止や早期発見・早期対応の取組，家庭・地域社会等の協力を得た地域ぐるみの取組を推進するとともに，関係機関と連携し，生徒指導体制の一層の充実を図ること」を求めている。

## ② 問題行動を起こす児童生徒に対する指導について

　2007（平成19）年に文科省から出された「問題行動を起こす児童生徒に対する指導について（通知）」には，「対教師あるいは生徒間の暴力行為や施設・設備の毀損・破壊行為等は依然として多数にのぼり，一部の児童生徒による授業妨害等も見られます」とある。その対応においては，「第一に未然防止と早期発見・早期対応の取組」の重要性を指摘し，その上で，「学校の秩序を破壊し，他の児童生徒の学習を妨げる暴力行為に対しては，児童生徒が安心して学べる環境を確保するため，適切な措置を講じること」の必要性に言及している。そして，「問題行動が実際に起こったときには，十分な教育的配慮のもと，現行法制度下において採り得る措置である出席停止や懲戒等の措置も含め，毅然とした対応をとり，教育現場を安心できるもの」にすることを求めている。

　『提要改訂版』では，この通知で示されている具体的な対応を抜粋し，以下のように示している。

　　●生徒指導の充実について

　　・日常的な指導の中で，児童生徒理解の深化，教職員と児童生徒との信頼関係の構築，全教職員が一体となった教育相談やカウンセリングを実施する。

　　・学校は，暴力行為等に関するきまりなどを保護者や地域住民等に公表し，

理解と協力を得るよう努め，全教職員がこれに基づいた指導を行う。

- 特に校内での傷害事件など犯罪行為の可能性がある場合には，学校だけで抱えについて，込むことなく，直ちに警察に通報し，協力を得て対応する。

◉出席停止制度の活用について

- 出席停止は，懲戒行為ではなく，学校の秩序を維持し，他の児童生徒の教育を受ける権利を保障する措置であることを理解した上で指導等を行う。
- 学校が指導を継続しても改善が見られず，正常な教育環境を回復するため必要な場合には，市町村教育委員会は，出席停止制度の措置を検討する。
- 学校は，出席停止措置の対象となった児童生徒が学校へ円滑に復帰できるよう努める。
- その他出席停止制度の運用等については，「出席停止制度の運用の在り方について」を参考にする。

## 2. 学校の組織体制と計画

### ① 全校的な指導体制と生徒指導の目標・方針

　2011（平成23）年の「暴力行為のない学校づくりについて（報告書）」には，「児童生徒の成育，生活環境の変化，児童生徒が経験するストレスの増大，最近の児童生徒の傾向として，感情を抑えられず，考えや気持ちを言葉でうまく伝えたり人の話を聞いたりする能力が低下していることなどが挙げられ，同じ児童生徒が暴力行為を繰り返す傾向」が指摘されている。さらにその背景として，「規範意識や倫理観の低下，人間関係の希薄化，家庭の養育に関わる問題，あるいは映像等の暴力場面に接する機会の増加やインターネット・携帯電話の急速な普及に伴う問題，若年層の男女間における暴力の問題など，児童生徒を取り巻く家庭，学校，社会環境の変化に伴う多様な問題」が想定されている。

　このような報告書なども踏まえ，『提要改訂版』では，児童生徒の暴力行為の背景には様々な要因があり，「それらの要因を多面的かつ客観的に理解した上で指導を行わなければなりません。また，むやみに指導を行うのではなく，児童生徒の自己指導能力を育て，児童生徒が自らの行為を反省し，以後同様な

行為を繰り返さないような視点に立った働きかけを行うこと」を求めている。

　「自ら集団を避けているなど，学級・ホームルームで所属感が持てない，自己存在感が実感できない状況になっている場合，学級活動・ホームルーム活動，学校行事などで活躍する場を設け，その児童生徒の力が伸び伸びと発揮できる場を設け，他の児童生徒の承認が得られるような工夫もしたい」。

　この点について，付言すると，「児童生徒が，教員は共感的な態度で指導を行ってくれている，自分を理解してくれている，存在を認めてくれている等と感じられる指導を行うことが大切である。教員の側に立つのではなく，児童生徒の立場に立って，教員のしている指導を，児童生徒がどのように受け止めているかを考えるようにしたい」，「児童生徒が，自分自身に自信がもて，希望がもてるような指導が大切である」（長島，2020）。

### ② 全校的な指導体制の確立

　『提要改訂版』では，「全校的な指導体制」に含まれている意味について，以下のように示している。

- 対処すべき問題行動が発生した場合に，事案の重大性や性質を検討し，既存の生徒指導部で足りるか，あるいは，より拡大したプロジェクトチームを作るかという検討を経るなどして，対応のための組織や教職員個々の役割を決めておくこと。
- 暴力行為があった場合，同じ階の教員はすぐに現場に駆け付け複数で対応し，暴力行為発生後の対策メンバーは，校長，副校長，教頭，生徒指導主事，学年主任，当該児童の担任，養護教諭，SC，SSW 等で，その日のうちに会議を開くなど，全教職員が共通理解できるよう，年度当初に対応の基本を準備することやそれをマニュアル化したものを作成すること。
- 校内の生徒指導の方針や基準を定め，年間指導計画に基づき，研修や日々の打合せで教職員が指導方法や考え方を共有することで維持される教職員の指導に対する体制（校内連携型支援チーム）を整備すること。

なお，このような指導体制を構築するために，「例えば，児童生徒が社会的ルールや責任感を身に付けることを共通の目的として指導する際には，家庭と連携して取り組むことも必要になります。また，暴力行為の原因に応じて，SC や SSW，スクールサポーターなどの専門スタッフと連携した多面的な指導体制」が求められるとしている。さらに，「学校が指導を継続しても児童生徒が暴力行為等を繰り返す場合には，出席停止制度の措置を検討するなど，教育委員会が加わること」が示されている。

## 3. 暴力行為に関する生徒指導の重層的支援構造
### ① 暴力行為の防止につながる発達支持的生徒指導と未然防止教育

　『提要改訂版』によれば，「暴力行為に関する生徒指導を行う前提としてまず大切なのは，模倣されるような暴力行為のない，暴力行為を許容しない雰囲気づくり」であるとされている。そして，「暴力行為は，暴力を受けた人の人権を著しく侵害する行為であり，決して許されるものではないという共通認識の下で，児童生徒への対応に当たる必要があります。また，児童生徒が暴力行為をしない人に育つ上で重要なのは，人への思いやり，助け合いの心，コミュニケーションの力を育む教育や日頃の働きかけ」であるとしている。そして「暴力行為の未然防止をねらいとする教育としては，道徳科や特別活動などの時間と関連を図り，教職員が，暴力や非行をテーマとした授業を行う，あるいは，外部の講師を招いて，暴力防止，非行防止などに関する講話を行うことなど」を例示し，その際に，自分の暴力行為が犯罪として扱われる可能性があることを伝えることが重要だとして，表4-1を示している。

　そして「暴力を受けた人は，身体の痛みとともに，恐怖感，屈辱感，絶望感，無力感など様々な感情を抱くこととなります。それらの感情は生涯にわたってその人を苦しめ続けるかもしれません。たとえ身体の傷は癒えたとしても，暴力を受けたことが心の傷となり，繰り返しその人を苦しめ，対人不信や社会不適応に陥らせてしまうことがあります」としているが，これらの内容は，第4章1節の「いじめ」が相手に与える影響にも通じる内容である。

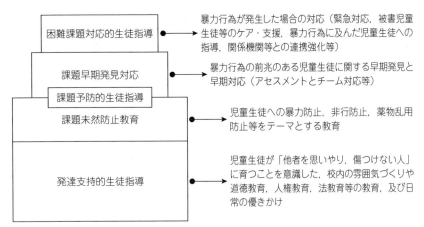

**図4-3　暴力行為に関する生徒指導の重層的支持構造**
出所：文部科学省（2022：146）．

**表4-1　暴力行為・刃物携帯行為と非行**

| 行為 | 非行名（罰則） |
| --- | --- |
| 暴力をふるって人にケガをさせた。 | 傷害罪（刑法第204条） |
| 暴力をふるったが，相手はケガをしなかった。 | 暴行罪（刑法第208条） |
| 暴力によって物を壊した。 | 器物損壊罪（刑法第261条） |
| 刃物を携帯した。 | 銃砲刀剣類所持等取締法（第22条）違反<br>軽犯罪法（第1条2号）違反 |

出所：文部科学省（2022：147）．

② 暴力行為の前兆行動の早期発見・早期対応

　暴力行為の前兆行動について，『提要改訂版』では，「粗暴な言葉，相手を殴るような素振りや壊れない程度に物を蹴るといった振る舞い，まだ暴力を伴わないいじめといったものが考えられます。児童生徒の前兆行動を早期に発見し対応することが，暴力防止において重要」であるとしている。さらに，「児童生徒の行動や学校，学級・ホームルーム全体の雰囲気を注意深く観察することに加えて，早期発見・早期対応のために必要なのは，アセスメントの充実」であり，「アセスメントにおいては，児童生徒について，発達面はもちろん，学

習面，進路面，健康面，心理面，社会面（交友面），家庭面などを多面的に」見ていくことが重要であるとして，以下のような具体例を挙げている。

- ●学習面の遅れや進路の悩みが本人のストレスや自棄的な感情につながっていないか。
- ●飲酒や薬物乱用などの問題が見られないか。
- ●自己中心的な偏った考え方に陥っていないか。
- ●学校や地域における交友関係のトラブルやいじめなどの問題がないか
- ●家庭における大きなストレスや被虐待の問題がないか。
- ●発達障害などの生涯を背景とした二次的な問題が起こっていないか。

そして，「教員一人でアセスメントを行うには限界があるため，SC や SSW などと連携しチームで対応することが大切です」と示唆している。

早期対応のポイントとして，「児童生徒の話をよく聴くということです。先入観や偏見を持たずに真剣に聴こうとする態度が，本人の気持ちを落ち着かせ，自ら成長へとつながる本来の力を取り戻すとともに，これまで粗暴な言動としてしか表わせなかった SOS の表現を適切な仕方へと転換できるようになる場合もあります」としている。その上で「介入が必要と認められる場合には，学習支援や進路指導の強化，保護者への働きかけ，児童生徒間の関係の調整，関係機関への相談，医療や福祉へのつなぎなど，チーム学校として指導・援助」を行う必要性を示している。そして，暴力行為が発生した場合の対応について，「第一に暴力行為の被害を受けた児童生徒等の手当てと周囲の児童生徒等の安全確保を行う必要があります。状況によっては救急や警察にすぐに通報しなければなりません」としている。

## 4. 関係機関等との連携体制

『提要改訂版』では，「暴力行為に関する生徒指導に当たっては，関係機関等との連携が極めて重要」であり，「暴力行為に関する生徒指導を行う上での関係機関等との連携についても，発達支持，未然防止，早期発見・早期対応，発生した暴力行為への対応という観点」が基本であるとしている。

## ① 発達支持的生徒指導や未然防止教育における連携

　児童生徒が暴力行為をしない人に育ち，暴力行為の発生を防ぐために，『提要改訂版』では，「道徳教育，人権教育，法教育，非行防止教育，薬物乱用防止教育など」を挙げ，外部講師として「警察署・少年サポートセンターの職員，法務省の機関である法務局・検察庁・少年鑑別所（法務少年支援センター）・少年院・保護観察所の職員，弁護士，民間ボランティアである保護司・人権擁護委員など」の例を示している。そして「非行防止教育という点で，警察に加え，犯罪や非行をした人の立ち直りや再犯防止を地域で支える保護司及び保護司が組織する保護司会は，学校にとって身近な存在です。情報モラル教育，ストレスマネジメント教育，怒りの対処法などについては，それを得意とするNPO団体のメンバー，外部の医師やSCなどに依頼すること」もその連携例として示している。

## ② 早期発見・早期対応における連携

　『提要改訂版』では，「暴力行為の前兆行動の早期発見・早期対応は，校内連携型支援チームなどで対応することが基本となりますが，この段階でも必要に応じて関係機関等と連携することが大切」だとしている。ほかにも，次のような連携が例示されている。

●発達障害等の障害を背景とする二次的な問題や精神疾患・薬物依存の症状としての粗暴な言動が疑われる場合には医療機関等との連携。

●家庭に虐待や貧困の問題が疑われる場合には児童相談所や地方公共団体の福祉部門との連携。

●地域の不良交友が懸念される場合には警察との連携。

●非行傾向のある児童生徒については，少年サポートセンターや少年鑑別所（法務少年支援センター）などが保護者や学校からの相談を受け付けている。また，要保護児童対策地域協議会，学校警察連絡協議会，学校と保護司会との協議会なども，前兆行動への対応についての指針やヒントを得る機会となる。

### ③ 発生した暴力行為への対応における連携

　発生してしまった暴力行為への対応について，『提要改訂版』では，「緊急場面での救急や警察との連携はもとより，暴力行為の被害を受けた児童生徒等のケアと回復支援，暴力行為に及んだ児童生徒への指導においては，関係機関等との連携強化が特に重要」としている。

　この点，暴力行為の被害を受けた児童生徒等についても，「身体の痛みだけではなく，心の痛みを抱えることとなります。その痛みが癒されるためには，適切な治療，家族や友人や教職員の支え，暴力行為に及んだ児童生徒の心からの反省と謝罪，時間の経過などが必要になります。特に，そのケアと回復支援という観点からは，医療機関，警察，民間の被害者支援団体，少年司法関係機関などとの連携」が必要であるとしている。

　同時に，暴力行為に及んだ児童生徒への指導においても関係機関等との連携が重要であり，暴力行為は許されない行為であり，「それに及んだ児童生徒が学校教育や社会から排除されてはなりません。排除されて孤独・孤立に陥れば，その児童生徒は立ち直るきっかけをつかめず，更なる暴力行為に及んでしまう可能性もあり，関係機関等と連携してネットワーク型の支援チームを組織し，学校内外の知恵を集め，力を合わせて指導・援助する」有効性を示している。

　そのためには，「児童生徒がなぜ暴力行為に及んでしまったのか，関係機関等の専門的知見を借りながらより深く多角的なアセスメントを行う必要があります。アセスメントの際には，その児童生徒の問題や弱みだけでなく，立ち直りに活用できる資源や児童生徒の強みも視野に入れる」重要性を示している。その上で「アセスメントに基づいて個別の指導・援助計画を立て，支援の目標や役割分担を可能な限り関係機関等と共有します。そして，支援チームのメンバーそれぞれが計画を実行に移し，その結果をケース会議に持ち寄って評価や計画の見直しを行い，また実行に移す」サイクルの展開を指し示している。

（長島明純）

## *3* 少年非行

### 1. 少年法・児童福祉法等

#### ① 少年法の非行について

　少年非行に関する主な法律として「少年法」があるが，同法第1条には，「少年の健全な育成を期し，非行のある少年に対して性格の矯正及び環境の調整に関する保護処分を行うとともに，少年の刑事事件について特別の措置を講ずることを目的とする」とある。そして同法第2条には，この少年について，20歳に満たない者であるとしている。なお，民法が改正され，成年年齢が20歳から18歳に引き下げられたが，「少年法等の一部を改正する法律」により，18歳及び19歳の者は「特定少年」として，少年法第2条の少年として，少年法が適用されるとなっている。

　また同法第3条には，非行少年を三つに分類し，14歳以上で犯罪を行った少年（犯罪少年），14歳未満で刑罰法令に触れる行為をした少年（触法少年），そして犯罪や刑罰法令に触れる行為まではまだしていないが，その性格又は環境に照して，将来，罪を犯し，又は刑罰法令に触れる行為をする虞のある少年（ぐ犯少年）の三つを示している。なお，同法第65条により，先に述べた「特定少年」は，ぐ犯による保護処分の対象からは外されている。

　少年法で示されている三つの非行少年に加えて，より広く非行を捉えたものとして，「少年警察活動規則」で示されている「不良行為少年」がある。

　同規則第2条には，「不良行為少年」について「非行少年には該当しないが，飲酒，喫煙，深夜はいかいその他自己又は他人の徳性を害する行為（以下「不良行為」という。）をしている少年をいう」とある。なお，ここでの非行少年とは，少年法に定められている非行のある少年を指す。

#### ② 少年非行の処遇に関して

　2022（令和4）年の「犯罪白書」には，少年非行の処遇の概要が図11の通りに示されているが，これから少年事件の対処の流れがわかる。少年事件が発生

した後，警察等から家庭裁判所に送致されるが，家庭裁判所の裁判官は，家庭裁判所調査官に調査を命じ，その結果，裁判不開始（調査のみで終了）する場合もあるが，審判の結果，不処分，保護処分，保護観察処分，児童相談所長等送致，検察官送致，児童自立支援施設等送致，少年院送致のいずれかになる。

なお，ここで示されている少年犯罪に関係する人数は，2021（令和3）年における検察統計年報，司法統計年報，矯正統計年報及び保護統計年報によるものとされているが，警察等から家庭裁判所に送致された終局処理の人数は3万8,914人であった。つまり，その内の約6割が審判不開始（1万6,840人）か不処分（7,370人）の扱いとなっており，家庭裁判所に送られた後の対応の多くが学校に委ねられているといえよう。そして，少年院や少年鑑別所などから学校に復学する者への対応も学校に委ねられている所が大きい。

2019（令和元）年の文科省の「『再犯防止推進計画』を受けた児童生徒に係る取組の充実について（通知)」では，「児童生徒が少年院や少年鑑別所を出院・退所して学校に復学するに当たって，従来の学校生活や交友関係等で様々な問題を抱えていたことも多く，学校生活に適応するまでに困難を伴うことが少なくない」。「このことから，学校は，当該児童生徒の生徒指導等について少年院や少年鑑別所に相談するなど，継続的に連絡体制を整えておくことが重要であること。また，教育委員会等設置者は学校の受入れが円滑に行われるよう，個別事案を十分に把握し，関係機関と連携して必要な支援を行うこと。その際，スクールカウンセラー，スクールソーシャルワーカーをはじめとする心理や福祉，弁護士等の専門家と必要に応じて情報を共有し，連携するなど，児童生徒の改善更生に多角的に関わることが重要であること」とある。

犯罪事件に関わったこれらの少年に対する対応は，生徒指導上の課題であるが，『提要改訂版』では「関心を持ってしっかり接し，見守るという気持ちが求められ」，「児童生徒にとって，学校で過ごす時間が，自らの人生の目標や価値を見つけるための準備期間となるように支援すること」を重要視している。そのためにも各関係機関等の内容や役割を認識し，情報の共有，行動の連携に努める必要がある。

さらに，少年非行を学校が把握した場合に連携すべき機関に言及している。

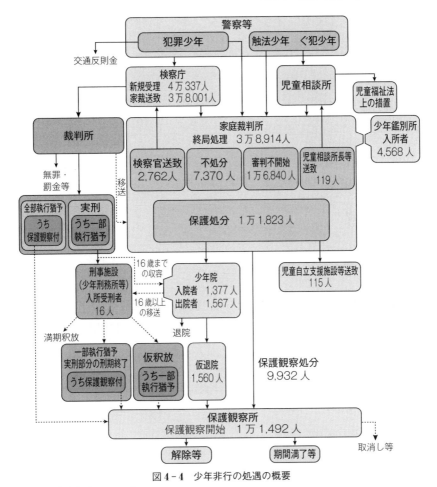

図4-4　少年非行の処遇の概要

出所：法務省（2022：117）.

「大きくは市町村と児童相談所という福祉の分野，警察と検察庁という捜査の分野，家庭裁判所という司法の分野，それに警察と少年サポートセンター，少年補導センターなどの少年補導分野があります。また，保護者等と連携の上，心理相談やワークブックを用いた心理教育等の専門的支援を行うため少年鑑別所に設けられた法務少年支援センターや，依存症などの治療を行う医療機関等の相談治療機関を活用する方法もあります」。なお，家庭裁判所の処分によっ

ては，児童自立支援施設，少年鑑別所，少年院，保護観察所の保護観察官や保護司との連携を図る必要も生じる。

### ③ 児童福祉法の要保護児童

　「児童福祉法」の第25条には，「要保護児童を発見した者は，これを市町村，都道府県の設置する福祉事務所若しくは児童相談所又は児童委員を介して市町村，都道府県の設置する福祉事務所若しくは児童相談所に通告しなければならない。ただし，罪を犯した満十四歳以上の児童については，この限りでない。この場合においては，これを家庭裁判所に通告しなければならない」とある。

　この「要保護児童」の対象は，児童虐待などだけを指すものでなく，不良行為をなす少年も含んでいる。家庭裁判所の審判の処分に児童自立支援施設等送致もあるが，児童自立支援施設は「児童福祉法」に定められている施設である。同法第44条には，「児童自立支援施設は，不良行為をなし，又はなすおそれのある児童及び家庭環境その他の環境上の理由により生活指導等を要する児童を入所させ，又は保護者の下から通わせて，個々の児童の状況に応じて必要な指導を行い，その自立を支援し，あわせて退所した者について相談その他の援助を行うことを目的とする施設とする。触法を含む非行などの問題行動を起こした児童で家庭環境等に問題がある者も含まれます」とある。

## 2. 少年非行への視点

### ① 初発年齢の早い非行とその常習化

　「平成4年度犯罪白書」(1992)には，出生年（推計）が1979（昭和54）年から2002（平成14）年までの者について，6年ごとに世代を区分し，各世代について，12歳から19歳までの各年齢時における非行少年率（各年齢の者10万人当たりの刑法犯検挙（補導）の推移を示したのが図4-5である。この図に関して「1979（昭和54）年〜1984（昭和59）年生まれの世代は，ピークが16歳の2,190.3となっている。1985（昭和60）年〜1990（平成2）年生まれの世代も，ピークは16歳であるが，2,372.7に上昇している。1991（平成3）年〜1996（平成8）年生まれの世代は，ピークが15歳になり，1,790.7に低下している。997

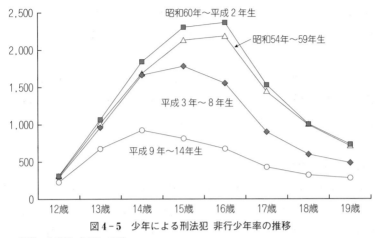

図 **4 - 5**　少年による刑法犯　非行少年率の推移

出所：法務省（2022：106）.

（平成 9 ）年〜2002（平成14）年生まれの世代は，ピークが14歳と更に下がり，931.3に低下している」とあり，少年非行の低年齢化の傾向が認められる。

　『提要改訂版』では，「初発年齢が早い非行，例えば小学校時代から盗みをしているケース等の場合，家庭の問題が背景にあることなどから容易には改善せず，常習化したり本格的な非行に発展したりすること」も少なくないことに注意を促している。その上で，様々な事情で家庭に落ち着くことができなくなった児童生徒について，「早ければ小学校中学年くらいから，夜遅くまで不良交遊をするようになります。その不良交遊仲間も，同じような困難を抱えた境遇であることが多く，そのような不良文化の中で，年長者のまねをして喫煙や飲酒などの不良行為から，万引きや自転車盗などの非行に発展するような場合」を視野に入れることを求めている。

　さらに，「不適切な養育が子供の問題行動の背景にある場合には，その養育が虐待に当たらないかという視点で，対応を検討することも必要になります」とある。そして「このような不良行為などが繰り返されると，次第に常習的な窃盗のほか，粗暴非行（器物破損，暴力行為，傷害，恐喝など）や性的に逸脱する非行（援助交際のような売春行為など），薬物に依存する非行などの本格的非行に発展するケースも見られます。さらに，逸脱的な行動が被害を招

く」恐れを指摘している。なお，初発年齢の早い非行においては，加害者としての側面だけでなく，被害者となる側面についても十分に認識しておく必要がある。

　この点について付言すれば，「児童生徒の言い分にしっかり耳を傾け，その背景にある問題を多面的に把握した上で，児童生徒が納得するように諭しながら指導することが大切である」としている（長島，2020）。

## ② 思春期・青年期の非行

　『提要改訂版』では，「思春期は第二次性徴による性的な芽生えや身体的な成長により，精神的に不安定になりやすい時期」であるとし，「規範意識の一時的な緩みにより，万引き，自転車盗，バイク盗のような初発型非行に及んでしまうことがあります。初発型非行の多くは一過性のものですが，周囲の大人の対応によっては少年の反発を招き，非行をエスカレートさせる場合」もあると注意を促している。さらに，「青年期には，進路の選択の際に，自分がどのような存在で，どのようなことができるのかという迷いの中で，よりどころが見いだせずに不安定な状態に陥ること」も少なくないとして，「このような場合には，児童生徒の抱える不安を受け止めるとともに，進路や人生設計について丁寧な関わりを続けていく」重要性を指摘している。

　なお，思春期・青年期の挫折による非行については，「児童生徒本人以上に保護者や家族が落ち込んでしまい，その失望を児童生徒にぶつけてしまうことがあります。児童生徒は保護者から見放されてしまうことで二重の失望感を抱き，それまでの高い自尊感情と現実とのギャップにがく然とし，自棄的な心境の中で非行に及ぶことがあります。」とし，このような児童生徒への対応姿勢について注意を促している。そしてその挫折から生まれている心情を思いやることの大切さを強調した上で，「非行は望ましくないというメッセージを伝える必要があります。その際，家庭や学校だけで支援することが困難な場合には，医療や心理面の専門的なサポート」の必要性を示している。

　また，目立たない児童生徒の突然の非行ついては，手がかからないと考えられていたような，普段は真面目で，目立たない児童生徒が突然，重大な非行に

及ぶこと」がある。「こうした場合，児童生徒の特性が影響していることも考えられます。たとえば，コミュニケーションが苦手であったり，妄想が激しかったりするような児童生徒の対応に当たっては，SC や SSW との協働，福祉機関・医療機関などの関係機関との連携などにより，早期の気付きと適切な援助を通じて，非行を予防すること」が重要であるとしている。

## 3. 少年非行への対応の基本

　児童生徒本人に対する直接的指導ならびに保護者への助言が中心であるとしつつ，『提要改訂版』では，「学校の対応として，例えば愛情の欲求不満を募らせた児童生徒に対して，厳しく罰するだけでは，かえって問題行動を繰り返す悪循環に陥らせてしまいます。そのため，児童生徒の言い分にしっかり耳を傾け，その背景にある問題を把握した上で，児童生徒が納得するように諭しながら指導すること」の重要性を示している。それによって，「自分を理解してくれていると児童生徒が感じることで，徐々に信頼関係を築くことができるようになり，やがて指導も効果を持つ」ようになることが期待できる。

　なお，2010（平成22）年の『生徒指導提要』には，「非行に走る児童生徒は，家庭や学校との『絆』がない，又は，切れかかっていると言えます。家庭や学校で非行を未然に防止する秘訣は何かと問われれば，児童生徒と家庭や学校との『絆』をどのようにしたら強く切れないものにするかということに尽きる」とあり，日常からの絆づくりの重要性を再認識することができよう。

## ① 児童生徒からの聴き取り

　「正確な事実の把握」について，『提要改訂版』では，「事実の特定とは，いつ，どこで，誰が，何を，なぜ，どのように，行ったのか，といったことを確認するだけでなく，それらについて，本人や保護者が認めているのかを確認」することであり，「児童生徒との面接は，まずは客観的事実の把握が目的であり，児童生徒自らの言葉で話してもらうこと」，「本人や関係者の言い分をしっかりと聴き取る際には，その内容を，正確に時系列を追って記録しておくこと」の必要性が指摘されている。

また,「何度指導しても効果が現れず, 非行が繰り返される場合には, 改め
て非行の背景を考えることが必要です。どのような非行にも本人にとっては何
かしらの意味があり, それを明らかにしないまま行った指導は, かえってマイ
ナスになること」,「加害者への指導を意識しすぎるあまり, 被害者の思いや願
いを見落とさないよう」注意を促している。

② 非行の未然防止及び早期発見・早期対応の視点
　『提要改訂版』では, 非行の予防について,「全ての児童生徒を対象に, 問題
行動が生じる前に, 規範意識の醸成, 非行に誘われた際などの対応の仕方を伝
えるなど, 非行の未然防止教育に焦点を当てるものです。他方で, 早期発見・
早期対応の指導は, 非行の問題傾向が出現し始めた児童生徒に対して, 非行の
意図や発生可能性を早期に把握して個別に介入し, 事態の深刻化を防止するも
の」であると意義づけている。さらに,「突発的な非行事案が発生する前には,
児童生徒本人の何らかの前兆行動といえる特異な言動が見られる場合がありま
す。これらの前兆行動を把握し, 介入して防止するためには, 前兆に関わる情
報を収集する必要」に注意を促している。家庭や学校で非行を未然に防止する
ために,「児童生徒と家庭や学校との関係性をいかに強く切れないものにする
かという視点に立つこと」が秘訣であるとしている。

4. 関係機関等との連携体制
① 児童相談所や市町村などの福祉機関との連携
　『提要改訂版』は, 児童相談所について,「非行の通告を受理した場合, 児童
福祉司が継続的に指導するほか, 一時保護を行ったり, 児童自立支援施設, 児
童心理治療施設, 児童養護施設や里親など, 施設等への措置をとったりするこ
ともあります」とある。「特に14歳未満の児童生徒に重大な非行があった, 非
行が繰り返されたりする場合, また, 保護者が非協力的なために指導や援助が
実施できない場合など, 学校や福祉機関だけでの対応が難しい時には, 都道府
県知事の権限の下, 児童相談所の判断で児童生徒を家庭裁判所に送致すること
ができます」としている。

### ② 警察との連携

　非行の未然防止や早期発見対応について，『提要改訂版』では，「警察署や少年サポートセンターと連携して実施する非行防止教室，被害防止教室，薬物乱用防止教室等があります。また，定期的に開催される学校警察連絡協議会，協定に基づき情報を相互に通報する学校警察連絡制度，警察官 OB 等のスクールサポーターによる巡回や相談・指導助言等により，警察との情報共有を行うことがつながります」と例示している。

　また，早期発見対応の観点から，少年，保護者に対する相談活動を挙げて，「少年サポートセンターや警察署の少年部門では，心理学等の専門知識を有する相談員や非行問題の取扱い経験の豊富な少年補導職員・警察官が連携・対応します。さらに深刻なケースへの困難課題対応に当たる場合には，学校，警察，児童相談所等の関係機関で結成される少年サポートチームといった制度の活用」も有効であることを示唆している。


## 5．喫煙・飲酒・薬物乱用
### ① 喫煙・飲酒・薬物乱用の現状

　薬物乱用について，『提要改訂版』では，「大麻の20歳未満の者の検挙者数は2013（平成25）年以降増加が続いています。また，10代においては，一般用医療品の乱用」について問題視している。そして「20歳未満の者の喫煙は，次のステップとなる薬物乱用への入り口（ゲートウェイ）となりやすいことから『ゲートウェイ・ドラッグ』と呼ばれて」おり，「20歳未満の者の飲酒も，他の薬物乱用へとつながるゲートウェイ・ドラッグとされています」としている。


### ② 喫煙・飲酒・薬物乱用防止に関する未然防止教育と早期発見・対応

　学校における喫煙，飲酒，薬物乱用防止教育について，『提要改訂版』では，「学習指導要領に基づき，小学校の体育科，中学校及び高等学校の保健体育科において取り組まれることになっています。また，特別活動の時間はもとより，道徳科，総合的な学習（探究）の時間等の学校の教育活動全体を通じて指導が行われることが大切です」とある。そしてその早期発見・早期対応のために，

次の点に留意する必要があるとしている。

● 喫煙，飲酒，薬物乱用から児童生徒を守るための方針や対策などが校長の責任の下に適切に決定され，それが全教職員に周知徹底され，共通理解が図られていること。

● 喫煙，飲酒，薬物乱用などの行為に対する方針や具体的な指導方法などについて，保護者に周知徹底を図り，保護者の協力が得られるようにすること。

● 児童生徒からの喫煙，飲酒，薬物乱用などに関する悩み等を積極的に受け止めることができるように，教育相談体制が確立されていること。

● 喫煙，飲酒，薬物乱用などの問題が起きたときに，速やかに適切に対応することができるように指導方針及び体制が確立されていること。

なお，喫煙・飲酒・薬物乱用の問題においても，関係機関との連携をしながら丁寧な指導する必要があるが，特に薬物乱用の問題では，「警察の少年部門や精神保健福祉センターなどに速やかに相談するなどの連携」の必要性が指摘されている。　　　　　　　　　　　　　　　　　　　　　　　　（長島明純）

## *4* 児童虐待

### 1. 児童福祉法・児童虐待の防止等に関する法律等
### ① 児童虐待防止法と児童虐待の定義について

　児童福祉法は，児童虐待への対応も含まれているが，この法律だけではその対応が難しくなり，2000（平成12）年に「児童虐待の防止等に関する法律」（以下「児童虐待防止法」）が成立している。同法第 2 条では，「この法律において，『児童虐待』とは，保護者（親権を行う者，未成年後見人その他の者で，児童を現に監護するものをいう。以下同じ）がその監護する児童（十八歳に満たない者をいう。以下同じ）について行う次に掲げる行為をいう」とあり，「児童虐待」について，以下のような 4 つの行為を示して定義している。

> 一　児童の身体に外傷が生じ，又は生じるおそれのある暴行を加えること。
> 二　児童にわいせつな行為をすること又は児童をしてわいせつな行為をさせること。
> 三　児童の心身の正常な発達を妨げるような著しい減食又は長時間の放置，保護者以外の同居人による前二号又は次号に掲げる行為と同様の行為の放置その他の保護者としての監護を著しく怠ること。
> 四　児童に対する著しい暴言又は著しく拒絶的な対応，児童が同居する家庭における配偶者に対する暴力（配偶者（婚姻の届出をしていないが，事実上婚姻関係と同様の事情にある者を含む。）の身体に対する不法な攻撃であって生命又は身体に危害を及ぼすもの及びこれに準ずる心身に有害な影響を及ぼす言動をいう。）その他の児童に著しい心理的外傷を与える言動を行うこと。

　なお，この4つの行為について，2007（平成19）年に改正された厚生労働省の「子ども虐待対応の手引き」では，上記の一を身体的虐待，二を性的虐待，三をネグレクト，四を心理的虐待とし，その具体例を示している。また，この第2条の「保護者」の解釈について，「親権者や未成年後見人であっても，子どもの養育を他人に委ねている場合は保護者ではない。他方で，親権者や未成年後見人でなくても，例えば，子どもの母親と内縁関係にある者も，子どもを現実に監督，保護している場合には保護者に該当する」としている。

② 学校に求められている支援と福祉による児童虐待への介入・支援
　『提要改訂版』では，この「「児童虐待防止法」で示されている学校の役割について，以下のように整理し示している。
- 虐待を受けたと思われる子供について，市町村（虐待対応担当課）や児童相談所等へ通告すること（義務）。
- 虐待の早期発見に努めること（努力義務）。
- 虐待の予防・帽子や虐待を受けた子供の保護・自立支援に関し，関係機関への協力を行うこと（努力義務）。
- 虐待防止のための子供及び保護者への啓発に努めること（努力義務）。
- 児童相談所や市町村（虐待対応担当課）などから虐待に係る子供又は保

護者その他の関係者に関する資料又は情報の提供を求められた場合，必
要な範囲で提供することができること。

　また上記の「児童相談所や市町村（虐待対応担当課）は，速やかに子供の安
全を確認し，子供や家族の状況などについて調査を行います。市町村は，自身
で支援することで対応できると判断すれば，在宅での支援を継続して行います。
しかし，リスクが高く，子供の安全を確保するために保護することや専門的な
支援が必要だと判断した場合等は，児童相談所に送致することになります」と
解説されている。

　この児童相談所は，「直接児童相談所に通告された事例もあわせて，改めて
子供を保護する必要があるかを検討し，必要に応じて保護します」と保護のプ
ロセスを説明している。

## 2. 学校の体制について

### ① 対応のねらい

　『提要改訂版』では，被虐待の影響にふれ，「児童虐待については，児童生徒
の命が奪われ得ることも当然問題ですが，それだけではなく，心身の成長・発
達や情緒・行動面に深刻な影響を与え，人格面でも問題を残すなど，人生全般
に重大な影響を及ぼしかねない」こと，「成人した後も，精神や身体の健康を
むしばみ，犯罪のリスクも高めるといった研究の報告数」も増えていることに
言及している。児童虐待への対応は，「児童虐待を受けた児童生徒が児童虐待
の加害者となり得る等の将来に予測されるリスクを下げるため，先手を打って
支援しようとするもの」とその意義を強調している。

### ② 校内における対応の基本姿勢

　教職員・学校に求められることについて，『提要改訂版』によれば，「児童虐
待に関する正確な知識と適切な対応を理解する必要があり，研修の事例を通し
た知識，スキルの習得などが求められます。学校は，教職員が児童虐待の疑い
のある事例に接した場合は，速やかに適切な機関を選択して通告する義務があ

るため，それができる体制を普段から整えておく」必要性を示している。

### 3. 児童虐待の課題予防的生徒指導

「児童虐待防止法」第14条には，「児童の親権を行う者は，児童のしつけに際して，児童の人格を尊重するとともに，その年齢及び発達の程度に配慮しなければならず，かつ，体罰その他の児童の心身の健全な発達に有害な影響を及ぼす言動をしてはならない。児童の親権を行う者は，児童虐待に係る暴行罪，傷害罪その他の犯罪について，当該児童の親権を行う者であることを理由として，その責めを免れることはない」とある。その上で，第2条の「学校及び児童福祉施設は，児童及び保護者に対して，児童虐待の防止のための教育又は啓発に努めなければならない」とあり，その充実に努めることが求められる。

### 4. 児童虐待の発見
#### ① 児童虐待の影響

『提要改訂版』によれば，「児童虐待の影響には，小学校低学年からの窃盗や激しい暴力，家出，いじめの加害の繰り返し，薬物などへの依存，自傷行為や摂食障害，自殺企図などがあります。また，それらの症状は思春期に増悪しやすく，加えて何度指導や治療をしても改善が難しいのも特徴」であることが指摘されている。その上で，「生徒指導上の課題で苦慮する児童生徒には，児童虐待を受けた者が含まれている可能性があることに留意する必要があります。そのため，これらの行動に気付いた場合には，その背景に虐待が潜んでいないかどうかを積極的に見つけ出す」必要性を指摘している。

なお，2010（平成22）年の『生徒指導提要』では，「児童虐待は，保護者の根深い課題から生じ，その課題が児童生徒に深刻な傷として受け継がれることが大きな問題とされています。（中略）。家庭内に配偶者暴力がある場合は虐待と認定されることでわかるように，今目立った問題がなくとも，その児童生徒の心にどのような傷が残されていて，今後どのような問題を生じ得るかを念頭に支援を考える必要があります」と注意を促している。

## ② 児童虐待に類似する枠組み

『提要改訂版』によれば、「児童虐待に類似した、あるいはその周辺を指す言葉として、マルトリートメント、ヤングケアラー、要保護児童、要支援児童などがあります。これらは、いずれも児童が不適切あるいはリスクのある養育状態の下にあることを指しており、放置すれば児童虐待の影響と同様の課題を生じさせる可能性があるため、支援が必要」であると留意を促している。

なお、このマルトリートメントについては、「日本語では『不適切な養育』と訳され、近年、欧米などでは一般化している考え方です。マルトリートメントは、児童虐待をより広く捉えた、虐待とは言い切れない大人から子供への発達を阻害する行為全般を含めた、避けなければならない養育」であるとしている。また要保護児童は、「児福法で『保護者のない児童又は保護者に監護させることが不適当であると認められる児童』と規定され、この中に虐待を受けた児童と非行少年等が含まれます。要保護児童を発見した場合にも児童虐待と同様に、発見者には通告の義務が生じます」と説明されている。

## 5. 児童虐待の通告
## ① 児童虐待防止法による通告

児童虐待防止法第6条第1項には、「児童虐待を受けたと思われる児童を発見した者は、速やかに、これを市町村、都道府県の設置する福祉事務所若しくは児童相談所又は児童委員を介して市町村、都道府県の設置する福祉事務所若しくは児童相談所に通告しなければならない」とある。なお、この通告に関して、「学校・教育委員会等向け虐待対応の手引き」には、それを判断するポイントが以下のように示されている。

- ●確証がなくても通告すること（誤りであったとしても責任は問われない）。
- ●虐待の有無を判断するのは児童相談所等の専門機関であること。
- ●保護者との関係よりも子供の安全を優先すること。
- ●通告は守秘義務違反に当たらないこと。

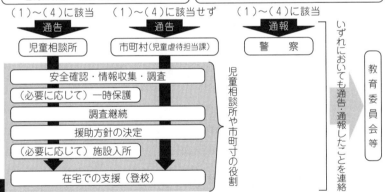

発生予防等
- 子供や保護者への相談窓口の周知，相談対応
- 児童虐待未然防止のための教育，啓発活動
- 研修の実施，充実

早期発見
- 日常の観察による子供，保護者，家庭状況の把握
- 健康診断，水泳指導
- 教育相談，アンケートなど
  ⇒子供・保護者・状況について違和感あり
  ⇒チェックリストに複数該当

- 本人（子供，保護者）からの訴え
- 前在籍校・学校医や学校歯科医
- 他の保護者

直ちに管理職へ報告・相談

チームとしての対応早期対応（情報収集・共有，対応検討）
（管理職，養護教諭，学級・ホームルーム担任，学年主任，SC，SSW等）

（1）明らかな外傷（打撲傷，あざ（内出血），骨折，刺傷，やけどなど）があり，身体的虐待が疑われる場合
（2）生命，身体の安全に関わるネグレクト（栄養失調，医療放棄など）があると疑われる場合
（3）性的虐待が疑われる場合
（4）子供が帰りたくないと言った場合（子供自身が保護・救済を求めている場合）

（1）明らかな外傷（打撲傷，あざ（内出血），骨折，刺傷，やけどなど）があり，身体的虐待が疑われる場合
（2）生命，身体の安全に関わるネグレクト（栄養失調，医療放棄など）があると疑われる場合
（3）性的虐待が疑われる場合
（4）この他，子供の生命・身体に対する危険性，緊急性が高いと考えられる場合

（1）～（4）に該当　　（1）～（4）に該当せず　　（1）～（4）に該当

通告　　　　通告　　　　通報

児童相談所　　市町村（児童虐待担当課）　　警　察

安全確認・情報収集・調査
（必要に応じて）一時保護
調査継続
援助方針の決定
（必要に応じて）施設入所
在宅での支援（登校）

児童相談所や市町寸の役割

いずれにおいても通告・通報したことを連絡

教育委員会等

図4-6　学校における虐待対応の流れ（通告まで）

出所：文部科学省（2022：182）．

② 聴取に関する際の留意点

　『提要改訂版』によれば，児童生徒本人や関係者に対して，教員などが児童虐待の内容の詳細を聴取することは，原則として避けるべきであるとの考えを示している。その理由として，「一つ目は，子供にいろいろ聞くことで，子供は虐待のつらい記憶を呼び覚まされ，そのことが子供を再び傷つけ，回復に悪影響を与える可能性が生じるから」であり，「二つ目は，児童虐待の有無を争う事例が増え，例えば保護者からの分離を行うために一時保護や施設入所などを行う際に，親権者が反対するので家庭裁判所で審判する場合や，保護者の虐待行為を犯罪として起訴する場合などへの影響が考えられる」からであると注意を促している。

③ 通告と同時に行う配慮

　通告に際して，『提要改訂版』では，「後日の資料となるように記録しておく必要があります。例えば，傷があるなら，症状や大きさがわかるように写真を撮る，あるいはイラストを残す，児童生徒の発言内容は，要約せずにそのままを書き残す」などを挙げている。また，「当該記録について，保護者が本人（子供）に代わって個人情報保護に関する法令に基づき開示請求をしてきたとしても，開示することにより子供（本人）の生命又は身体に支障が生ずるおそれ，あるいは，子供（本人）の権利利益を侵害するおそれがないかどうか等を個人情報の保護に関する法令に照らして検討し，該当する場合には所定の手続に則って不開示決定」を検討する必要性が示されている。

## 6. 関係機関との連携

① 虐待対応に関する校内体制とアセスメント

　『提要改訂版』では「関係機関との連携を効果的なものにするためには，校内のチーム体制の充実が不可欠です」とあり，図4-7のように示されている。

② 児童虐待についての関係機関との連携

　『提要改訂版』によれば，「児童相談所や市町村が児童虐待を担当する際は，

チームとしての対応

| 教育委員会等 | 市町村福祉部局 | 児童相談所 |

**校長等管理職**
【通常時】
- 虐待対応の明確な役割分担と校内分掌の整備
- 自ら研修の受講，全教職員を対象とした校内研修等の実施
- 関係機関との連携の強化

【通告時，通告後】
- 当該幼児児童生徒，保護者，関係機関，他児童生徒等の対応に係る方針の統一
- 関係機関との連携
- 要保護児童対策地域協議会への参画

**学級・ホームルーム担任**
【通常時】
- 日常的な子供，保護者の観察・把握
- 相談窓口の案内，周知

【通告時，通告後】
- 対応状況の記録の保存
- 当該幼児児童生徒及び同学級他幼児児童生徒の安定を図る働きかけ

**養護教諭**
【通常時】
- 健康相談，健康診断，救急処置等における早期発見

【通告時，通告後】
- 関係機関との連携（定期的な情報共有）
- 幼児児童生徒の心のケア

**SSW**
【通常時】
- 校内体制整備状況への助言
- 関係機関との連携体制について助言

【通告時，通告後】
- 保護者との調整
- 関係機関との連携

**生徒指導主事**
【通常時】
- 虐待に関する校内研修等の実施
- 学級・ホームルーム担任等からの情報の収集・集約

【通告時，通告後】
- 関係機関との連携（特に警察）

**SC**
【通常時】
- 教育相談

【通告時，通告後】
- 幼児児童生徒の心のケア
- カウンセリング

**学校医，学校歯科医**
【通常時】
- 健康診断等における早期発見，早期対応
- 専門的な立場からの指導助言

【通告時，通告後】
- 学校・関係機関との連携

学 校 事 務

**図 4-7　児童虐待への対応における役割**

出所：文部科学省（2022：184）．

そのいずれが主担当機関になるかを明らかにすることとされています。そのため，学校はその事例の主担当機関と連携して，子供と家族の支援に関わることになります。その基本のネットワークが要対協*です」。そして，要対協の構成機関は，自治体により公示されているとして，「学校は，自校が在籍児童に関する要対協の構成員であるかどうかを予め把握しておくことが重要です。構成員であるならばメンバーとして参画し，そうでない場合でも，協議や情報提供に協力することで，児童生徒の虐待の予防や適切な保護などの対応の一翼を担うことになります」と解説されている。また，「要対協管理ケースなど関係機関への情報提供については，『学校，保育所，認定こども園及び認可外保育施設等から市町村又は児童相談所への定期的な情報提供について』に基づき，概ね月に1回を標準として，対象の児童生徒の出欠状況や欠席理由等を，学校から市町村又は児童相談所へ定期的に情報提供を行う」ことが解説されている。

＊要保護児童対策地域協議会の略称。

### ③ 関係機関への情報提供

2019（平成31）年に通知された「児童虐待防止対策に係る学校等及びその設置者と市町村・児童相談所との連携の強化について」において，学校や教育委員会等設置者は，保護者から虐待を認知するに至った端緒や経緯などの情報に関する開示の求めがあった場合，保護者に伝えないこととするとともに，児童相談所等と連携して対応することが必要とされている。

なお2022（令和4）年に成立した，『児童福祉法等の一部を改正する法律』を踏まえて，「同法律により，市町村が児童福祉と母子保健の両機能が一体となった『こども家庭センター』の設置に努めること，児童及び妊産婦の福祉に関する把握・情報提供・相談等，支援を要する子供・妊産婦等へのサポートプランの作成を行わなければならないことが規定されました。また，児童相談所が学校を含む関係機関等に対して資料，情報の提供，意見の開陳等必要な協力を求めることができ，関係機関等はこれに応じる努力義務があることが規定」されたことが解説されている。

（長島明純）

## *5* 自　殺

### 1. 自殺対策基本法等

### ① 自殺対策基本法の成立と改正までの経緯

2006（平成18）年に「自殺対策基本法」が成立しているが，『提要改訂版』によれば，「全体の自殺者数が減少している中で，若い世代の自殺は増加傾向を示しています。2008（平成20）年以降の小・中・高校生の自殺者数は年間300人から500人の間で推移し，自殺死亡率は，多少の凸凹はあるものの，一貫して上昇傾向にあります。また，10代の死因の第1位が自殺なのは先進7カ国の中で日本のみであり，その死亡率も他国に比べて高い」ことが指摘されている。

このような状況において，若い世代への自殺対策が喫緊の課題であるとの認識から，2016（平成28）年に自殺対策基本法が改正された。この「自殺対策基本法」第17条第3項には，次の通り，心の健康の保持に係る教育又は啓発を行うことが求められている。「学校は，当該学校に在籍する児童，生徒等の保護者，地域住民その他の関係者との連携を図りつつ，当該学校に在籍する児童，生徒等に対し，各人がかけがえのない個人として共に尊重し合いながら生きていくことについての意識の涵養等に資する教育又は啓発，困難な事態，強い心理的負担を受けた場合等における対処の仕方を身に付ける等のための教育又は啓発その他当該学校に在籍する児童，生徒等の心の健康の保持に係る教育又は啓発を行うよう努めるものとする」。

### ② 改正された「自殺総合対策大綱」に示されている取組

「自殺対策基本法」の趣旨を踏まえ，2017（平成29）年に「自殺総合対策大綱」が閣議決定されているが，この大綱では，「自殺は，人が自ら命を絶つ瞬間的な行為としてだけでなく，人が命を絶たざるを得ない状況に追い込まれるプロセスとして捉える必要」があり，「自殺は『誰にでも起こり得る危機』という認識を醸成する」としている。そして「事前対応・自殺発生の危機対応・事後対応等の段階ごとに効果的な施策を講じる」との項目では，「1）事前対

応：心身の健康の保持増進についての取組，自殺や精神疾患等についての正しい知識の普及啓発等自殺の危険性が低い段階で対応を行うこと，2）自殺発生の危機対応：現に起こりつつある自殺発生の危険に介入し，自殺を発生させないこと，3）事後対応：不幸にして自殺や自殺未遂が生じてしまった場合に家族や職場の同僚等に与える影響を最小限とし，新たな自殺を発生させないこと」と各段階の施策のポイントが示されている。

　そして「自殺の事前対応の更に前段階での取組を推進する」との項目では，「学校において，命や暮らしの危機に直面したとき，誰にどうやって助けを求めればよいかの具体的かつ実践的な方法を学ぶと同時に，つらいときや苦しいときには助けを求めてもよいということを学ぶ教育（SOS の出し方に関する教育）推進する。問題の整理や対処方法を身につけることができれば，それが『生きることの促進要因（自殺に対する保護要因）』となり，学校で直面する問題や，その後の社会人として直面する問題にも対処する力，ライフスキルを身につけることにもつながると考えられる。また，SOS の出し方に関する教育と併せて，孤立を防ぐための居場所づくり等を推進していく」とされている。自殺を防ぐために，「自殺予防教育」や自殺の危険性の高い児童生徒への介入などの取組が学校に強く求められている。

## 2. 自殺予防のための学校の組織体制と計画

　この点について，『提要改訂版』では，次のように求めている。「自殺は，専門家といえども一人で抱えることができないほど重く，かつ，困難な問題です。きめ細かな継続的支援を可能にするには，校内の教育相談体制を基盤に，関係機関の協力を得ながら，全教職員が自殺予防に組織的に取り組むことが必要です。そのためには，校内研修会などを通じて教職員間の共通理解を図るとともに，実効的に機能する自殺予防のための教育相談体制を築くこと」。

### ① 自殺のリスクマネジメントとクライシスマネジメント

　『提要改訂版』によれば，「児童生徒が自殺をほのめかしたり，深刻な自傷行為に及んだり，遺書のような手紙やメモを残して家出をしたりといった状況は，

自殺やその他の重大な危険行為の『予兆』段階であると捉える必要」があることに注意を促している。そして，「そのときには，教育相談体制の構成メンバーを基盤に，校長をリーダーとする『校内連携型危機対応チーム』を組織し，危険度に応じた対応を行います（リスクマネジメント）」そのために「平常時に，危機対応のための態勢づくりやマニュアルづくりなどを進めておく」必要性を指摘している。

　また「実際に自殺や自殺未遂が発生した場合には，校長のリーダーシップの下，『校内連携型危機対応チーム』を中心に，教育委員会等や専門家，関係機関のサポートを受けながら，全教職員の力を結集して対応することが必要です（クライシスマネジメント）。校内連携型危機対応チームを核に，教育委員会等，専門家，関係機関との連携・協働に基づく『ネットワーク型緊急支援チーム』を立ち上げ，周囲の児童生徒や教職員等への心のケアも含む危機管理態勢を速やかに構築」することを求めている。

## ② 自殺予防の 3 段階に応じた学校の取組

　『提要改訂版』では「一般に自殺予防は，大きく三つの段階に分けられ」，「この 3 段階の取組が相互に連動することで，包括的な自殺予防が可能になります」と段階ごとの有効な手立てを講じる必要性を示している（表 4 - 2）。

## ③ 児童生徒の自殺の原因・動機から考える取組の方向性

　厚生労働省の「令和元年版自殺対策白書」（2019）で示されている，警察庁の原因・動機別自殺者数の2009（平成21）年から10年間の結果から，『提要改訂版』では，児童生徒の自殺の原因・動機の特徴を以下のように指摘している。

　「小学生では『しつけ・叱責』や『親子関係の不和』など『家庭問題』の比率が高いという特徴が見られます。中学生では，『家庭問題』に加えて，『学業不振』や『学友との不和』など『学校問題』が高いという特徴が見られます。高校生も，中学生と同様に『進路に関する悩み』や『学業不振』など『学校問題』の比率が高いという傾向は変わりませんが，うつ病や統合失調症などの精神疾患に関する『健康問題』が，女子を中心に急増する点に特徴が見られます」。

表 4-2　学校における自殺予防の3段階

| 段階 | 内容 | 対象者 | 学校の対応 | 具体的な取組例 |
|---|---|---|---|---|
| 予防活動 プリベンション | 各教職員研修 | 全ての教職員 | 校内研修会等の実施 | 教職員向けゲートキーパー研修 |
| | 自殺予防教育及び児童生徒の心の安定 | 全ての児童生徒 | 授業の実施（SOSの出し方に関する教育を含む自殺予防教育，及び自殺予防につながる教科等での学習）日常的教育相談活動 | ・自殺予防教育<br>・生と死の教育<br>・ストレスマネジメント教育<br>・教育相談週間<br>・アンケート |
| | 保護者への普及啓発 | 全ての保護者 | 研修会等の実施 | 保護者向けゲートキーパー研修 |
| 危機介入 インターベンション | 自殺の危機の早期発見とリスクの軽減 | 自殺の危機が高いと考えられる児童生徒 | 校内連携型危機対応チーム（必要に応じて教育委員会等への支援要請） | ・緊急ケース会議（アセスメントと対応）<br>・本人の安全確保と心のケア |
| | 自殺未遂後の対応 | 自殺未遂者と影響を受ける児童生徒 | 校内連携型危機対応チーム（教育委員会等への支援要請は必須），若しくは，状況に応じて（校内で発生，目撃者多数などの場合）ネットワーク型緊急支援チーム | ・緊急ケース会議<br>・心のケア会議<br>・本人及び周囲の児童生徒への心のケア |
| 事後対応 ポストベンション | 自殺発生後の危機対応・危機管理と遺された周囲の者への心のケア | 遺族と影響を受ける児童生徒・教職員 | ネットワーク型緊急支援チーム（校内連携型危機対応チーム，教育委員会等，関係機関の連携・協働による危機管理態勢の構築） | ・ネットワーク型緊急支援会議<br>・心のケア会議<br>・遺族，周囲の児童生徒，教職員への心のケア<br>・保護者会 |

出所：文部科学省（2022：193）.

## 3. 自殺予防に関する生徒指導の重層的支援構造

### ① 自殺予防につながる発達支持的生徒指導

『提要改訂版』では，自殺に追いつめられた際の心理について，次のように示している。

- 強い孤立感：「誰も自分のことなんか考えていない」としか思えなくなり，援助の手が差し伸べられているのに，頑なに自分の殻に閉じこもってしまう。
- 無価値感：「自分なんか生きていても仕方がない」という考えが拭い去れなくなる。虐待を受けるなど，愛される存在として認められた経験が乏しい児童生徒に典型的に見られる感覚。
- 怒りの感情：自分の辛い状況を受け入れられず，やり場のない気持ちを

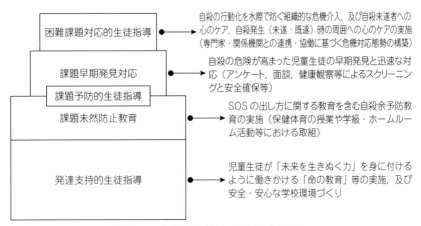

**図 4-8　自殺予防に関する重層的支援構造**

出所：文部科学省（2022：195）.

他者への攻撃性として表す。それが自分自身に向けられると，自殺の危険が高まる。

●苦しみが永遠に続くという思い込み：今抱えている苦しみはどう努力しても解決できないという絶望的な感情に陥る。

●心理的視野狭窄：問題解決策として自殺以外の選択肢が思い浮かばなくなる。

そして，「このような危機的な心理状況に陥らないような，また，陥ったとしても抜け出せるような思考や姿勢を身に付けることが自殺予防につながる」とし指摘し，以下のような態度や能力を身に付けられるように働きかけることが，児童生徒の自殺予防ための発達支持的生徒指導の方向性であるとしている。

●困ったとき，苦しいときに，進んで援助を求めることができる。

●自己肯定感を高め，自己を受け入れることができる。

●怒りをコントロールすることができる。

●偏った認知を柔軟にすることができる。

「子供に伝えたい自殺予防（学校における自殺予防教育導入の手引）」には，

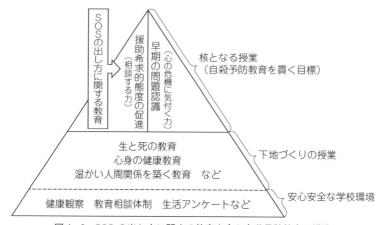

**図4-9　SOSの出し方に関する教育を含む自殺予防教育の構造**

出所：文部科学省（2022：198）．

「子供を対象とした自殺予防教育の目標は，『早期の問題認識（心の健康）』と『援助希求的態度の育成』です。授業に際しては，一方的な価値観を押しつけるようなことがあると，ハイリスクな子供ほど自らを責めて自尊感情を低めたり，適切な援助を求める行動をとりにくくなったりしてしまう恐れがあることに配慮する必要があります。また，授業方法としては，教師の一方的な知識伝達のスタイルではなく，教師と子供，子供同士が自殺予防について学び合う相互交流を促す姿勢」が求められると，自殺予防教育のあり方が示唆されている。

### ②　自殺の未然防止教育の展開

　『提要改訂版』では，図4-9を示し，「実施に先だって，教職員間で自殺予防教育の必要性についての共通理解を図るとともに，保護者や地域の人々，関係機関等の理解や協力を得て，合意形成を進める」ことを指摘している。その上で「実施する場合は，事前に生育歴も含めて児童生徒の状況を把握し，リスクの高い児童生徒は無理に授業に参加させないなどの配慮を行うとともに，児童生徒が心の危機を訴えたときに，学級・ホームルーム担任や養護教諭，SC，SSW，管理職などが役割分担して受け止めることのできる体制」を整える必要性が示唆されている。

## ③ 自殺の危険の高まった児童生徒の早期発見・早期対応

　児童生徒の自殺の特徴について，『提要改訂版』では，「死を求める気持ちと生を願う気持ちとの間で激しく揺れ動く両価性にあると言われます。心の危機の叫びとして発せられる自殺のサインに気付くには，表面的な言動だけにとらわれず，笑顔の奥にある絶望を見抜く」必要性に注意を促している。そして，「大切なことは，その児童生徒の日常をしっかりと見た上で，何らかの違和感を覚えたときには無駄になるかもしれないことを恐れずに関わること」であるとし，以下のような自殺直前のサインの具体例を示している。

- これまでに関心のあった事柄に対して興味を失う。
- 注意が集中できなくなる。
- いつもなら楽々とできるような課題が達成できなくなる。
- 成績が急に落ちる。
- 不安やイライラが増し，落ち着きがなくなる。
- 投げやりな態度が目立つ。
- 身だしなみを気にしなくなる。
- 行動，性格，身なりが突然変化する。
- 健康や自己管理がおろそかになる。
- 不眠，食欲不振，体重減少など身体の不調を訴える。
- 自分より年下の子どもや動物を虐待する。
- 引きこもりがちになる。
- 家出や放浪をする。
- 乱れた性行動に及ぶ，過度に危険な行為に及ぶ。
- アルコールや薬物を乱用する。
- 自傷行為が深刻化する。
- 重要な人の自殺を経験する。
- 自殺をほのめかす。
- 自殺についての文章を書いたり，自殺についての絵を描いたりする。
- 自殺計画の準備を進める。
- 別れの用意をする（整理整頓，大切なものをあげる）ている。

自殺の危険に気付いたときの対応の参考として「TALK の原則」が示されている。これについて、「教師が知っておきたい子どもの自殺予防」では、以下のように解説されている。

　「信頼感のない人間関係では、子どもは心の SOS を出せません」。「子どもの中に『あの先生なら助けてくれる』という思いがあるからこそ救いを求める叫びを発しているのです。子どもから『死にたい』と訴えられたり、自殺の危険の高まった子どもに出会ったとき、教師自身が不安になったり、その気持ちを否定したくなって、『大丈夫、頑張れば元気になる』などと安易に励ましたり、『死ぬなんて馬鹿なことを考えるな』」などと叱ったりしがちです。しかし、それでは、せっかく開き始めた心が閉ざされてしまいます。自殺の危険が高まった子どもへの対応においては、次のような TALK の原則が求められます」。

　　TALK の原則
　　●Tell：言葉に出して心配していることを伝える。
　　●Ask：「死にたい」という気持ちについて、率直に尋ねる。
　　●Listen：絶望的な気持ちを傾聴する。
　　●Keep safe：安全を確保する。

　そして自殺の危険の高まった児童生徒への関わりについて、『提要改訂版』では次のように指摘している。「何より大切なことは、児童生徒の声をしっかりと『聴く』ことです」。「なお、一人で抱え込まないためには、教職員間においても、多職種の関係者間においても、相談しやすい体制づくり、雰囲気づくりを日頃から進めておくことが不可欠です」。そして、「児童生徒が自殺した場合、家族に限らず、在校生やその保護者など多くの人々に影響」が及ぶことに注意を促し、事後対応の流れと初期対応の課題に関する図4-10が示されている。

　また、実際の対応に当たって留意する点を以下のように示している。
　　●自殺は複雑な要因が絡み合い、追いつめられた結果としての行動であるという認識の下、自殺を美化したり貶めたりすることがないようにする。
　　●情報発信や葬儀等において遺族に寄り添い、確信の持てないことは調査

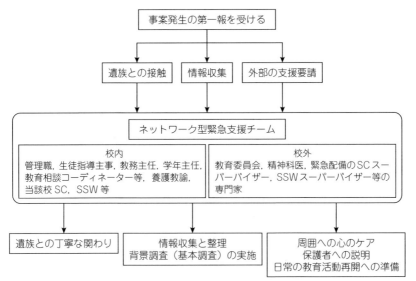

**図4-10 事後対応の流れと初期対応の課題**
出所：文部科学省（2022：203）.

するなど誠実な対応を心がける。

● 3日以内に教職員から聴き取りを行い，時系列に整理し，教職員間で情報の共有を図り，学校にとって都合の悪いことでも事実に向き合う姿勢を保つ。学校や教育委員会等による背景調査の進め方については，「子供の自殺が起きたときの背景 調査の指針（改訂版）」を参考に，平常時に検討することが望まれる。

●心のケアに関して，眠れない，すぐに目が覚める，一人でいると怖いなどといった反応が見られるが，これは「異常な」事態に直面した際の「正常な」反応であることを理解し，児童生徒・保護者にもそのことを周知する。

●自殺した児童生徒と関係の深い人や自殺の危険の高い人，現場を目撃した人などをリストアップし，早めに関わるとともに，専門家のケアが受けられる体制を用意する。

●憶測に基づくうわさ話等が広がらないように，正確で一貫した情報発信

を心がける。プライバシーの保護や自殺の連鎖の防止に十分配慮しつつ，出せる情報は積極的に出していくという姿勢に立つことも重要である。

　なお，自殺未遂が校内で発生した場合については，次のように解説している。「当該児童生徒の状態を確認し，救命措置及び安全確保を最優先で行う必要があります。病院に搬送される場合には，学級・ホームルーム担任や養護教諭などが救急車に同乗するとともに，随時，学校へ状況報告を行います。保護者には，速やかに電話で状況を伝え，病院へ来るよう依頼します。保護者に事情を説明する際には，混乱した状態にある保護者を受容するように接することが大切です」。

　さらに，学校復帰に際して，「教職員及び周囲の児童生徒がどのように支えていくのかということについて，保護者の同意を得た上で担当医からの助言を受ける必要があります。当該児童生徒や保護者が，学校として担当医からの助言を受けることを望まない場合でも，生命の安全を最優先に考えたい旨を伝えるなどして，粘り強く働きかけること」を求めている。

　なお，自殺に関連して，自傷を取り上げ，「手首などにカッターナイフやカミソリで傷をつける，ドライヤーやライターで髪の毛や皮膚を焼く，身体を机や壁に打ち付けるなど，自分の身体を故意に損傷する行動」を例示している。そして，「自傷の背景には，被虐待，複雑な家庭環境，いじめ被害，子供自身の脆弱性（心の傷の残りやすさなど），精神疾患などが見られます。教職員は，児童生徒の多様な背景を理解し，自傷のリスクとして認識しておく必要があります。また，自傷を契機として，これらの多様な背景が明らかになることもあります」と他の問題の裾野や背景にも理解を深める重要性を示唆している。

### 4. 関係機関等との連携に基づく自殺予防の体制

　『提要改訂版』によれば，児童生徒を支援し自殺の危機から救うために，「困難を抱えていたり，子供への関わりが適切ではなかったりする家族に関わり，子供だけでなく保護者を含め，家族全体を支援することのできる機関につなげたり，学校が関係機関と連携したりしながら，状況に応じて家族の機能を代替

できる体制をつくるなどの取組」が必要であることを指摘している。

　関係機関との連携をより効果的に進めるためには，「まず，地域にどのような適切な関係機関があるのかを知り，日常的に連携する体制を築き，学校に連携・協働の要となるキーパーソン（コーディネーター役の教職員）を位置付けるなど，一層の体制整備」が必要である。そこで「学校においては，個々の教職員の役割を明確にした上で，チームとして支援する体制を築くと同時に，自殺の危険が高い児童生徒への対応においては，精神科や心療内科などの医療機関との連携を図ること」が不可欠となる。さらに，「家庭環境の影響は大きいので，福祉機関と連携を取りながら悩みを抱えた保護者をサポートする」必要性についても配慮を求めている。　　　　　　　　　　　　　　　（長島明純）

## 6　中途退学

### 1. 中途退学の関連法規と基本方針

#### ① 関 連 法 規

　『提要改訂版』では，中途退学を「校長の許可を受け，又は懲戒処分を受けて退学することなど」とし，「高校における中途退学者の数は年々減少傾向にあります。中途退学には積極的な進路変更など前向きな理由によるものもありますが，一方で，生活，学業，進路に関する複合した問題の結果として中途退学に至ることもあります」とその実態を解説している。

　この中途退学に関連する法規として，「学校教育法施行規則」があり，同法第26条には，校長が退学の処分を行う4つの条件が以下のように示されている。

---

　一　性行不良で改善の見込がないと認められる者

　二　学力劣等で成業の見込がないと認められる者

　三　正当の理由がなくて出席常でない者

　四　学校の秩序を乱し，その他学生又は生徒としての本分に反した者

---

## ② 基本方針

「中途退学」に対する基本的方針について，1993（平成5）年「高等学校中途退学問題への対応について」の「高等学校中途退学問題への対応の基本的視点」で，以下のように示されており，現代にも通じる内容である（以下の下線は筆者による）。

(1)中学校卒業者の95％以上の生徒が高等学校に進学する状況にあり，高等学校生徒の能力・適性，興味・関心，進路等は多様なものとなっており，このような多様で個性的な生徒の実態を踏まえ，高等学校教育の多様化，柔軟化，個性化の推進を図ること。

(2)中途退学の理由，原因等は個々の生徒によりさまざまであるが，各学校における指導の充実や学校と家庭との連携によってある程度防止できる場合と，就職や他の学校への入学など積極的な進路変更により中途退学するケースなど新たな進路への適切な配慮が求められる場合があり，生徒の状況を的確に把握した指導が重要であること。

(3)個に応じた指導を進めるに当たっては，生徒の能力・適性，興味・関心，進路等に応じて，理解でき興味のもてる授業を行うなど学習指導の改善・充実に努めるとともに，教育相談の充実，保護者との密接な連携を図ることなどが重要であり，その際，校長のリーダーシップの下に全教職員が協力して取り組む体制を整える必要があること。

(4)学習指導の改善・充実に当たっては，生徒の主体的な学習意欲を促し，学校生活においてさまざまな達成感や成就感を味わうことができるよう，「参加する授業」「分かる授業」を徹底するなど魅力ある教育活動を展開することが重要であること。また（中略），生徒が自ら考え主体的に判断し行動できる資質や能力を育成していくことに十分配慮すること。

(5)就職や他の学校への入学など積極的な進路変更により中途退学するケースなど新たな進路への適切な配慮が求められる場合には，生徒の意志を尊重しながら，その生徒の自己実現を援助する方向で手厚い指導を行うことが重要であること。

## 2. 中途退学の理解

### ① 中途退学の要因とそれがもたらすもの

　『提要改訂版』では，「学校生活になじめず，長期欠席や不登校を経験した生徒が高校段階における中途退学につながるケースが多く，特に高校入学後の不登校生徒への支援については，中途退学の未然防止の意味でも非常に重要な水際対策と言えます。中途退学の事由は，『学校生活・学業不適応』『進路変更』『学業不振』などがあり，生活の問題，進路の問題，学業の問題が複合的に存在しています」とその実態を解説している。また，「中途退学の多くは学校生活への不適応が主たる要因とされるもので占められており，これらは小学校や中学校に遡って確認されることがあります」とこれまでの過程を把握する必要性を指摘している。

　その上で，本人の意思を尊重する重要性を指摘し，「中途退学の中には，前向きな進路変更という側面を持つものもあります。本人が中途退学を希望する場合の対応に当たっては，十分に状況を把握した上で本人の意思を尊重した支援を行うことが原則です。一方で，中途退学により当初の進路計画の変更を余儀なくされ，人生設計上のさまざまな機会を失うことも少なくない」ことに留意する必要があるとしている。

　さらに，中途退学の未然防止と早期発見とその対応，中途退学後のフォロー（追指導）の必要性を指摘し，「中途退学をした場合，学歴は中学校卒業資格となり，高校卒業の資格を前提としている多くの職業や，大学や専門学校（専修学校専門課程）などの進路への選択肢が絶たれます。行先不透明な進路から，ニートやフリーターを選択せざるを得ず，さらにはひきこもり状態になる可能性もある」ことに注意を促している。

### ② 中途退学の対策と重層的支援構造

　『提要改訂版』では，「中途退学対策と言える発達支持的生徒指導，中途退学の未然防止，中途退学に至る前の早期発見・対応及び中途退学者の指導・援助に関する重層的支援構造」を図4-11に示している。

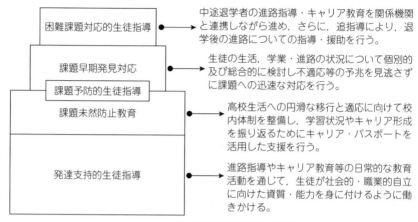

図 4 - 11　中途退学対応の重層的支援構造

出所：文部科学省（2022：212）．

## 3.　中途退学の未然防止と組織体制

### ①　高校生活の適応を支える校内体制

　『提要改訂版』では，チーム学校の観点から，「発達支持的生徒指導はもちろ
ん，未然防止や早期発見と対応，また，中途退学の可能性が高い生徒への支援，
中途退学後の追指導の重要性も認識して組織的に取り組むこと」を求めている。
そして，「中途退学を余儀なくされる状態を未然に防ぐためには，生徒指導，
キャリア教育・進路指導が連携し，小・中学校の段階も含め，生活，学業，進
路のそれぞれの側面から社会的・職業的自立に向けて必要な基盤となる資質・
能力を身に付けるように働きかけること」の重要性を指摘している。

　さらに，「最初に理解しておくべきことは，入学後の高校生活への適応が中
途退学の未然防止につながるということです。中学校から高校への移行は，一
つの節目であり，接続とリセットを内包する機会となるため，円滑な移行が大
変重要」であり，「新入生へのきめ細かい支援が生徒を含む学校全体に文化と
して行きわたること」の意義にふれ，そのためには，「教職員間による情報共
有と適切な対応」が必要であると指摘している。

## ②　教科指導上の留意点

　『提要改訂版』では，教科指導上の留意点についても言及し，「各教科等の学習においては，学習意欲の低下や無気力，また，学習状況が満足できるものでなかったり，欠課時数が多かったりすることなどにより課程の修了が認定されず，進級や卒業ができなくなった結果，中途退学に至る」ケースに注意を促している。

　そこで，教科指導上の留意点として柔軟な対応を求めている。すなわち，「学習状況が満足できるものでなかったり，欠課時数が多かったりする場合は，丁寧なアプローチを行い対話的に関わり，必要に応じ補習や再試験を行うことも教育的配慮として必要」であるとされている。また，「特定の科目の単位が未修得になった場合，高等学校卒業程度認定試験を活用するなどの工夫も考えられます。なお，単位の認定範囲については，校長の判断によりますが，学校適応委員会（仮称）などの組織での協議を通じて，学校全体の支援に広げていくことも可能」であると提案されている。

　なお，「学びにおける不適応が顕著に起こる時期としては，高校1年生の1学期が挙げられます。中学校時代と異なり，少しの怠学で大幅な遅れをとる可能性もあり，そのことが学習意欲の低下につながる場合」があり，「この時期は，学習意欲の低下や学校への所属意識の低下などの傾向がある生徒について情報交換を綿密に行うとともに，学級・ホームルーム担任と教科担任の連携の下で支援を行い，学習に前向きな姿勢に転じるように」配慮を求めている。

## 4.　中途退学に至る予兆の早期発見・対応

　『提要改訂版』では，「中途退学に至る前に，生徒の変化に気付くことが，早期発見・対応において重要」だとして，以下のように生活の問題，学業の問題，進路の問題について言及している。

　　○生活の問題

　　　「成長の過程で，学校生活への適応における個人差も顕著になります。生徒の個人差を十分に考慮し，不適応傾向が確認された場合は，時期を空けず，また，教職員の個人的判断に委ねず，組織的に対応することが重要

です」。他の生活の問題として「健康課題や性に関する課題といった個人的背景や，DV（Domestic Violence）やネグレクト，貧困やヤングケアラーといった家庭的背景が複合的に関連し，学校の生活や行動に影響が生じることもあるため，個々の生徒の状況に応じて，チーム学校として組織的に対応していくこと」が求められる。

○学業の問題

「教育活動の多くを占める教科学習は，学校適応の鍵を握っています。学習の遅れがちな生徒に対しては，一人一人に即した適切な指導をするため，学習内容の習熟の程度を的確に把握すること，学習の遅れがちな原因がどこにあるのか，その傾向はどの教科・科目において著しいのかなど実態を十分に把握した上で，各教科等の選択やその内容の取扱いなどに必要な配慮を加え，個々の生徒の実態に即した指導内容とするなど，指導方法を工夫することが大切です」。「学習を進める中で，病気欠席や転居も起こり得るため，病気欠席や転居に伴い学習が遅れたことによる不安や悩みにも配慮しなければなりません」。「転入や転出する生徒に対し，教科書や教育課程上の調整を配慮するだけでも，転校先の学校の授業への円滑な移行につながります。なお，長期に療養が必要な生徒については，ICT 等も活用した学習活動を実施し，教育機会の確保努める必要があります」。

○進路の問題

「進路の問題はその基盤となるキャリア形成の問題でもあります。学校，家庭，さらには社会での生活において，自らの役割を果たすことがキャリア形成の促進につながります。こうした体験を高校のみならず小学校，中学校段階から展開することにより，生徒が将来社会に出てどのような役割を果たしていくかを展望し，社会的・職業的自立を果たすことを可能にします。そのことは，中途退学の大きな抑止力にもなります」。

なお，2010（平成22）年の『生徒指導提要』では，日常から，教育センター，適切な相談機関や児童相談所，心療内科などとネットワークを構築し，生徒の悩みに応じていく必要性が指摘されている。それにより，「発達障害による悩

みを抱える者，その疑いのある者，精神疾患のある者など，特別に心理的配慮
が必要な生徒の場合は学習面だけでなく，担当教員やスクールカウンセラーを
配置するなど，心理面や対人関係において充分な指導」が可能になると指摘し
ている。

## 5. 中途退学者の指導と関係機関との連携体制
### ① 中途退学者の指導

　『提要改訂版』では，就職や進学などに関する指導・援助は，卒業者に限定
されず，中途退学者もその対象であることから，「中途退学が決まった生徒に
対し教務部が学籍上の手続きを行う際には，進路指導部と連携し，その後の進
学や就職の支援を行うシステムを構築しておく必要」があるとしている。そし
て就学の継続について，「現在は，定時制や通信制課程を設置し，より柔軟な
学習機会を提供する高校もありますので，そうした学校に転校することも考え
られます。なお，通信制高校と連携する施設として，生徒に対して学習面や生
活面での支援等を行うサポート校もありますが，これ自体は，高校ではなく，
修学支援の制度の対象外となることも情報提供すること」の重要性を指摘して
いる。こうした情報提供とともに，「生徒本人や家族が，どのような学校があ
るか，転入学，編入学，新規入学の相違などの十分な情報を，親身な進路相談
を通して考える機会を提供することが大切です。（中略）また，経済的な理由
で就学を断念しようとする生徒には，高等学校等就学支援金や高校生等奨学給
付金などの公の経済的支援や育英制度，さらには在籍校の授業料などの猶予・
免除の仕組みなどを説明し，就学継続希望が叶うよう援助」するなどの配慮を
求めている。

　そして就職の支援については，「中途退学後の選択肢の中で就職の占める割
合は極めて大きいと言えます。ただし，中途退学者の担当の教職員に就職指導
経験がない場合は，指導経験のある教職員に支援を求め，公共職業安定所（以
下「ハローワーク」という）とも連携して支援」を進めるとし，「職業紹介事
業は（中略），中学校及び高校は，「職業安定法」に基づき，ハローワークの指
導・援助を受けながら職業紹介業務ができる」ことが解説されている。

② 関係機関との連携

　『提要改訂版』では,「卒業後,居場所を失い,引きこもりやニートにならないよう,保護者の協力の下,関係機関と連携しながら切れ目のない援助を行います。特に,中途退学者に対する追指導は大切になります。」とし,教職員が学校教育の管轄外である生徒が利用可能な制度や施設についての理解を十分なものにしておく必要性も指摘している。そして,以下の通り,利用可能な主な制度や施設を示している。

- 教育支援センター：不登校児童生徒の社会的自立に向けた指導・援助を行う公的な施設。教育委員会が設置し,小・中学校の不登校児童生徒が対象の施設が多いですが,高校の不登校生徒を対象とする施設もあります。

- 高等学校就職支援教員（ジョブ・サポート・ティーチャー）：高校で,進路指導主事などと連携して,就職希望生徒に対する就職相談,求人企業の開拓などを行う人材。就職における専門家として活用されている。

- 地域若者サポートステーション：働くことに悩みを抱える15歳〜49歳までを対象に,キャリアコンサルタントなどによる相談,コミュニケーション訓練などによるステップアップ,協力企業への就労体験などにより,就労に向けた支援を行う施設。厚生労働省が委託した全国の若者支援の実績やノウハウがある NPO 法人,株式会社などが運営。中途退学者の希望に応じて,地域若者サポートステーションの職員が学校や自宅などへ訪問するアウトリーチ型就労支援を行う。「身近に相談できる機関」として,全ての都道府県に設置されている。

- ジョブカフェ：若年者のためのワンストップサービスセンター,いわゆるジョブカフェは,各都道府県が主体となって設置し,地域の特色を生かした就職セミナーや職場体験,カウンセリング・職業相談,職業紹介など様々なサービスを行っている。

- 求職者支援制度：雇用保険を受けられない人などが,月10万円の生活支援の給付金を受給しながら無料の職業訓練を受講できる制度。訓練開始前から,訓練期間中,訓練終了後まで,ハローワークが求職活動をサ

ポートする。

●ひきこもり地域支援センター：ひきこもりに特化した専門的な相談窓口
　としての機能を有する「ひきこもり地域支援センター」を都道府県，指
　定都市，市町村に設置し運営する事業。このセンターでは，社会福祉士，
　精神保健福祉士，臨床心理士，公認心理師などの資格を有するひきこも
　り支援コーディネーターが，ひきこもりの状態にある人やその家族への
　相談支援を行い，適切な支援に結びつける。

（長島明純）

## 7　不登校

　不登校児童生徒への支援について，『提要改訂版』では，「『学校に登校する』
という結果のみを目標にするのではなく，児童生徒が自らの進路を主体的に捉
え，社会的に自立する方向を目指すように働きかけること」を求めている。合
わせて，「児童生徒によっては，不登校の時期が休養や自分を見つめ直す等の
積極的な意味を持つことがある一方で，学業の遅れや進路選択上の不利益，社
会的自立へのリスクが存在することにも留意する必要があります」と配慮すべ
き点が指摘されている。

### 1. 不登校に関する関連法規・基本指針
### ① 不登校に関する基本指針の変遷

　文科省の「学校基本調査」では「不登校児童生徒」を，「長期欠席者（年間
30日以上の欠席者）のうち『何らかの心理的，情緒的，身体的あるいは社会的
要因・背景により，登校しないあるいはしたくともできない状況にある者』た
だし，病気や経済的な理由による者を除いた者」と定義している。

　『提要改訂版』では，不登校の認識に時代的な変遷があることについて次の
ように解説されている。「不登校が注目され始めたのは昭和30年代半ばで，当
初は学校に行けない児童生徒の状態は『学校恐怖症』と呼ばれていました。と
ころが，その後，学校に行けない児童生徒が増加し，教育問題として注目され

117

始め，呼称は『登校拒否』へと変化しました。昭和60年代頃までは，神経症的な不登校が中心で，登校時間になると頭痛や腹痛になり登校できない葛藤を抱える児童生徒が多く見られました」。

　これらの変遷は支援の基本方針の変遷でもあり，支援の基本方針について次のように解説されている。「その後も不登校の数が増え続けると同時に，不登校の原因や状態像も多様化していくなかで，神経症的な不登校に対しては「待つこと」も必要であるが，ただ『待つ』のみではなく，不登校の児童生徒がどのような状態にあり，どのような支援を必要としているのかを見極め，個々の状況に応じた適切な働きかけや関わりを持つことの重要性が指摘されるようになりました」とある。

　そして今日では，「個々の不登校児童生徒に対しては，主体的に社会的自立や学校復帰に向けて歩み出せるよう，周囲の者が状況をよく見極めて，そのための環境づくりの支援をするなどの働きかけをする必要がある」（文部科学省，2003）「今後の不登校への対応の在り方について」）と，個々の不登校の状況に応じた働き掛けや関わりが重要であるとしている。

## ② 教育機会確保法

　「不登校の関する調査協力者会議」から2016（平成28）年に提出された「不登校児童生徒への支援に関する最終報告」には，以下のようにある。

- 　不登校の要因や背景としては，本人・家庭・学校に関わるさまざまな要因が複雑に絡み合っている場合が多く，更にその背後には，社会における「学びの場」としての学校の相対的な位置付けの低下，学校に対する保護者・児童生徒自身の意識の変化等，社会全体の変化の影響が少なからず存在している。

- 　そのため，不登校を教育の観点のみで捉えて対応することには限界があるが義務教育段階の児童生徒に対して教育が果たす役割が大きいことを考えると，不登校に向き合って懸命に努力し，成果を上げてきた関係者の実践事例等を参考に，不登校に対する取組の改善を図り，学校や教育関係者が一層充実した指導や家庭への働き掛け等を行うことで，学校教

育としての責務が果たされることが望まれる。

● ただし，不登校は，その要因・背景が多様であり，学校のみで取り組む
ことが困難な場合が多いという課題があることから，本協力者会議にお
いては，学校の取組の強化のみならず，学校への支援体制や関係機関と
の連携協力等のネットワークによる支援，家庭の協力を得るための方策
等についても検討を行った。不登校とは，多様な要因・背景により，結
果として不登校状態になっているということであり，その行為を「問題
行動」と判断してはいけない。

　この最終報告書について，『提要改訂版』では，社会的自立につながる視点を
重視している点に着目している。「『不登校児童生徒に問題がある』という決め
つけを払拭し，教職員・保護者・地域の人々等が不登校児童生徒に寄り添い共
感的理解と受容の姿勢を持つことが，当該児童生徒の自己肯定感を高めるため
にも重要であり，不登校児童生徒にとっても，支援する周りの大人との信頼関
係を構築していく過程が社会性や人間性の伸長につながり，結果として，社会
的自立につながるという視点を重視したものと捉えることができます」とある。
　このような協力者会議の議論を経て，2016（平成28）年には，「義務教育の段
階における普通教育に相当する教育の機会の確保等に関する法律」（以下「教
育機会確保法」という）が成立している。
　この法律では，不登校児童生徒への多様で適切な教育機会の提供を求めてい
るが，この点について『提要改訂版』では，個々の児童生徒の状況に応じた学
びを保障するために，「不登校児童生徒の学びの場所として，具体的には，教
育支援センター，不登校特例校，NPO法人やフリースクール，そして夜間中
学等を挙げることができます。そこでの学びを，一定の要件の下，校長の判断
により指導要録上の出席扱いとすること」の必要性を指摘している。
　なお，同法第7条には，「文部科学大臣は，教育機会の確保等に関する施策
を総合的に推進するための基本的な指針（以下この条において「基本指針」と
いう）を定めるものとする」とあり，2017（平成29）年には，「義務教育の段階
における普通教育に相当する教育の機会の確保等に関する基本指針」が策定さ

れている。

　この「教育機会確保法」の趣旨を踏まえ，2019（令和元）年には文科省から「不登校児童生徒への支援の在り方について（通知）」が出され，不登校を本人の自立の視点から捉えると共に適切な働きかけの必要性が指摘されている。すなわち，「不登校児童生徒への支援は，『学校に登校する』という結果のみを目標にするのではなく，児童生徒が自らの進路を主体的に捉えて，社会的に自立することを目指す必要があること」。「不登校児童生徒が，主体的に社会的自立や学校復帰に向かうよう，児童生徒自身を見守りつつ，不登校のきっかけや継続理由に応じて，その環境づくりのために適切な支援や働き掛けを行う必要があること」が示されている。

### ③ 不登校児童生徒への支援の方向性とその目標

　不登校児童生徒への支援の方向性について，『提要改訂版』では，個に応じた具体的な支援を強調している。

> 「なぜ行けなくなったのか」と原因のみを追求したり，「どうしたら行けるか」という方法のみにこだわったりするのではなく，どのような学校であれば行けるのかという支援ニーズや，本人としてはどうありたいのかという主体的意思（希望や願い），本人が持っている強み（リソース）や興味・関心も含め，不登校児童生徒の気持ちを理解し，思いに寄り添いつつ，アセスメントに基づく個に応じた具体的な支援を行うことが重要です。

　そしてその目標について，

> 不登校で苦しんでいる児童生徒への支援の第一歩は，将来の社会的自立に向けて，現在の生活の中で，「傷ついた自己肯定感を回復する」，「コミュニケーション力やソーシャルスキルを身に付ける」，「人に上手に SOS を出せる」ようになることを身近で支えることに他なりません。その上で，社会的自立に至る多様な過程を個々の状況に応じてたどることができるように支援することが，次の目標になると考えられます。

　以上のように，不登校児童生徒への支援の基本方針としては，「個々の児童
生徒に求められる自立の姿は実に多様であるため，学校復帰や転学等に際して，
形だけを整えるのではなく，個に応じた多様な社会的自立に向けて目標の幅を
広げた支援を行うこと」と集約できよう。

## 2.　不登校対応に求められる学校の組織体制と計画
### ① 教育相談体制の充実
　教育相談体制の充実について，『提要改訂版』では，不登校がほかの様々な
問題状況と関連していることを踏まえて次のように提案している。

> 　不登校検討委員会など，不登校に特化した委員会を持たない学校も少なくない中，
> いじめ対策委員会や特別支援教育委員会などで不登校事案が検討されたり，不登校
> として把握されたケースの背景にいじめや発達障害等が見え隠れしたりするという
> ケースもあります。校内での支援に当たっては，必要に応じて SC や SSW も加え
> た多職種によるネットワークを構築し，教育相談体制が組織的に機能するようにす
> ることが求められます。また，公式のケース会議ではなくても，日頃から，不登校
> 児童生徒についての情報交換と「次に取るべき対応」を検討するための非公式な
> ケース会議を開催することも有効です。

### ② 教育相談を支える教職員の連携・協働
　『提要改訂版』では，「学校内には，不登校児童生徒に関わる際の要とも言え
る役割を有する者がいます」とし，以下の内容が示されている。
- ●養護教諭は，心身両面から児童生徒の健康に関わることができます。学
　級・ホームルーム担任や保護者との連絡を通し，不登校の早期発見や，
　保健室登校の提案と対応など，不登校のケースに関わる機会も多く，重
　要な役割を担っている。
- ●教職員という立場でカウンセリングや相談業務に関わるのが教育相談
　コーディネーターである。教職員という立場を活かし，即時的なニーズ
　にも対応可能であり，他の教職員との連携も行いやすいという利点もあ

る。

●特別支援教育を推進する役割を担うのが，特別支援教育コーディネーターです。主に発達障害等の特別な支援を必要とする児童生徒の支援にあたり，校内委員会や研修会の企画・運営，関係諸機関との連絡・調整，保護者からの相談窓口などの役割を担う。

●心理的な要因が大きいケースについては，児童生徒への心のケアや教職員保護者への助言・援助を行う SC との連携が有効であり，福祉的な要因が見え隠れする場合は SSW との連携が重要となる。

## 3. 不登校に関する生徒指導の重層的支援構造

### ① 魅力ある学校づくり・学級づくり

「心に居場所」をキーワードに，『提要改訂版』では，「全ての児童生徒にとって，学校，とりわけ所属する学級・ホームルームが安全・安心な居場所となるような取組を行うことが重要です。児童生徒が，『自分という存在が大事にされている』『心の居場所になっている』『学校が自分にとって大切な意味のある場になっている』と実感できる学級・ホームルームづくりを目指す」ことを求めている。

また，不登校の原因として，学業不振がその一つとなっている場合にも言及し，「『どの児童生徒も分かる授業』，『どの児童生徒にとっても面白い授業』を心がけることで，全ての児童生徒が，学業への意欲を高めたり，学級・ホームルームでの自己存在感を感受したりすることが可能」になると示唆している。

### ② 不登校対策としての課題未然防止教育

不登校を未然に防止する観点から，『提要改訂版』では，「児童生徒が自らの精神的な状況について理解し，安心して周囲の大人や友人に SOS を出す方法を身に付けるための教育」の必要性を指摘している。同時に教職員に意識改革を求め「児童生徒が発する SOS を受けとめるためには，教職員が，児童生徒の状況を多面的に把握するための研修等」を行う必要性を示している。さらに，未然防止のための支援ネットワークについて「教員と SC，SSW による相互

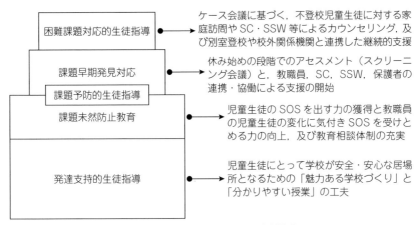

**図4-12　不登校対応の重層的支援構造**

出所：文部科学省（2022：229）.

コンサルテーションの機会を持ち，不登校の背景要因や具体的な関わりについて話し合うことにより，不登校児童生徒への対応のヒントが得られたり，保護者支援の方向が見いだせたりするなど，支援の幅が広がる効果」が期待されるとしている。

### ③ 不登校対策における課題早期発見対応

　『提要改訂版』では，「日頃から児童生徒の言葉・行動・表情に気を配ると同時に，友人関係や教職員との関係や，学業成績まで，幅広い事項について児童生徒の変化や成長に対するアンテナを高くしておく必要」が示されている。また保健室では，「心身の不調などの訴えに対して，養護教諭による相談等が行われます。相談室も，SC 等が在席している日は，休み時間や放課後などを中心に個別の相談」に応じることもできよう。

　さらに，「不登校の予兆の早期発見・対応において教職員と保護者との信頼関係に基づく情報共有が不可欠と言えます。一方で，児童生徒が不登校になることで不安や焦りを感じている保護者へのカウンセリング等を通じた支援」の重要性も示している。

### ④ 不登校児童生徒支援としての困難課題対応的生徒指導

　困難な課題への対応について、『提要改訂版』では、ケース会議、実効的なチーム支援を強調し、「休みが続く児童生徒個々の状況や支援ニーズについては、日頃の状況をよく把握している学級・ホームルーム担任や養護教諭、生徒指導担当教諭や教育相談コーディネーター等とともに、SC、SSW等とも連携の上、ケース会議において、児童生徒や学級への的確なアセスメントを行い、支援の目標や方向性、具体的な対応策などを検討するなどして、実効的なチーム支援の体制を構築すること」を求めている。この点、「児童生徒理解に終わるのでなく、次の一歩となる具体的な支援方法（校内での支援体制で支えるのか、学校外の関係機関の力を借りるのか、その場合は、具体的にどの機関と連携するのか等）まで検討すること」に注意を促している。

　また、不登校児童生徒の居場所として様々な別室を用意する支援について、「別室として、保健室や相談室、別室用の小部屋などを用意している学校も増えてきました。また、図書室や校長室などを不登校児童生徒の居場所としている学校もあります。これら以外にも、教室とは別の場所に校内教育支援センター（いわゆる校内適応指導教室）を設置し、学習支援や相談活動を行う学校も見られます」。このように、別室で安心して過ごせるよう、教職員の配置や学習機会の整備など、組織的に運営することを求めている。

　さらに、保護者への支援についても言及している。「不登校の子供を持つ保護者は、我が子の将来を案じ、自分の子育てが間違っていたのかと悩み、児童生徒の将来について不安を抱えていることが少なくありません。そうした保護者とは、児童生徒への支援等に先立ち、信頼関係を築くこと」。

　具体的には、「家庭訪問を行う際には、常にその意図・目的、方法及び成果を検証し、適切な家庭訪問を行うことが大切です。必要に応じて、関係機関等が連携したアウトリーチ支援や保護者サポートも視野に入れた家庭教育支援を活用することも考えられます」。「ただし、家庭訪問や電話連絡を繰り返しても児童生徒の安否が確認できない場合などには、直ちに市町村又は児童相談所への通告を行うほか、警察等に情報提供を行うなど、適切な対処が必要となるケース」もあることに注意を促している。

　さらに関係機関へつなぐ支援のあり方について，「個々の不登校の状態や背景要因を適切にアセスメントし，教育センター相談室，教育支援センター，フリースクール，児童相談所，クリニックなど，その児童生徒に合った関係機関につなぐ支援が必要になる場合もあります。また，関係機関だけでなく，不登校特例校や夜間中学など，児童生徒を多様な学びの場につなぐ支援」を示唆している。

　なお，校種間の移行期の重要性を鑑み，「継続的に一貫した支援を行う視点から，小学校，中学校，高等学校，高等専門学校及び高等専修学校等の『縦』の連携」の重要性を指摘している。

### 4.　関係機関等との連携体制

　多様化する不登校児童生徒への支援する上で，連携すべき関係機関も多岐にわたる。そこで『提要改訂版』では，「学校が関係機関を活用する場合，まず必要なのは，不登校児童生徒が何に困っているか，どのような関わりを必要としているかを正確にアセスメントする」ことであると指摘している。

　そして「本人に必要な関係機関が見つかった場合，そこにつなげる役割が必要となります。関係機関と連携する際には，虐待が疑われるケースを除き，本人だけでなく，保護者の理解が必要となりますが，そのためには，当該関係機関がなぜこの児童生徒に必要であるのかの丁寧な説明」が必要であると注意を促している。

（長島明純）

## *8*　インターネット・携帯電話に関わる問題

　社会におけるインターネット・携帯電話の普及は，これまでにはなかった様々恩恵を多くの人にもたらしている一方で，児童生徒の生徒指導に関わる，性犯罪に巻き込まれる危険性やいじめの道具となる危険，そしてネット依存・ゲーム障害となる危険性などが増大している。そしてコロナ感染拡大後は，これらの危険性が一層高まっている。

## 1. 関連法規・基本方針等

### ① インターネット環境整備法

2008（平成20）年に「青少年が安全に安心してインターネットを利用できる環境の整備等に関する法律」が成立している。同法第1条には，「この法律は，インターネットにおいて青少年有害情報が多く流通している状況にかんがみ，青少年のインターネットを適切に活用する能力の習得に必要な措置を講ずるとともに，青少年有害情報フィルタリングソフトウェアの性能の向上及び利用の普及その他の青少年がインターネットを利用して青少年有害情報を閲覧する機会をできるだけ少なくするための措置等を講ずることにより，青少年が安全に安心してインターネットを利用できるようにして，青少年の権利の擁護に資することを目的とする」とある。

同法第9条には，「国及び地方公共団体は，青少年がインターネットを適切に活用する能力を習得することができるよう，学校教育，社会教育及び家庭教育におけるインターネットの適切な利用に関する教育の推進に必要な施策を講ずるものとする」とあり，学校には，青少年の権利の擁護に資するため，インターネットを適切に活用する能力を育成するための取組が求められている。

なお，第2条3項には，「この法律において『青少年有害情報』とは，インターネットを利用して公衆の閲覧（視聴を含む。以下同じ）に供されている情報であって青少年の健全な成長を著しく阻害するものをいう」とあり，第4項には，青少年有害情報が以下のように例示されている。

---

一　犯罪若しくは刑罰法令に触れる行為を直接的かつ明示的に請け負い，仲介し，若しくは誘引し，又は自殺を直接的かつ明示的に誘引する情報

二　人の性行為又は性器等のわいせつな描写その他の著しく性欲を興奮させ又は刺激する情報

三　殺人，処刑，虐待等の場面の陰惨な描写その他の著しく残虐な内容の情報

---

### ② プロバイダ責任制限法

2001（平成13）年には「「特定電気通信役務提供者の損害賠償責任の制限及び

発信者情報の開示に関する法律」が成立している。同法第1条には，「この法律は，特定電気通信による情報の流通によって権利の侵害があった場合について，特定電気通信役務提供者の損害賠償責任の制限及び発信者情報の開示を請求する権利について定めるとともに，発信者情報開示命令事件に関する裁判手続に関し必要な事項を定めるものとする」とある。『提要改訂版』では，この法律に関して，「プロバイダは事実を知らなければ賠償責任を負わないとされているため，当事者から依頼を受けて適切な措置をとった後，情報を非公開にしたり，削除したりします」とあり，この法律によって被害者が開示請求できる発信者の情報について整理し，以下のようなものを挙げている。

●発信者その他侵害情報の送信に係る者の氏名又は名称
●発信者その他侵害情報の送信に係る者の住所
●発信者の電子メールアドレス
●侵害情報に係る IP アドレス
●IP アドレスを割り当てられた電気通信設備から開示関係役務提供者の用いる特定電気通信設備に侵害情報が送信された年月日及び時刻

### ③ その他の法律等

『提要改訂版』では，「インターネット上の書き込みで名誉毀損罪（公然と事実を摘示し，人の名誉を毀損）や侮辱罪（事実を摘示せずに，公然と人を侮辱）に問われることがあります。学校での携帯電話等の持込みについては，文科省より通知が発出されており，小・中学校は原則校内持込禁止，高等学校は原則校内使用禁止，特別支援学校は実態を踏まえて判断することとし，中学校については次の四つの条件を満たすと持込みができる」としている。そして，2020（令和2）年に出されて文科省の初等中等教育局長からの「学校における携帯電話の取扱い等について（通知）」の内容を整理して，以下のように示している。

●学校と生徒らが協力したルール策定。
●学校での管理方法と紛失時の責任の明確化。
●閲覧対象を制限する「フィルタリング」を保護者の責任で設定。

●学校や家庭による危険性の指導

なお，上記の通知では，以下のようなことも求めている。

○学校における情報モラル教育の取組について

　携帯電話・スマートフォンやＳＮＳが児童生徒にも急速に普及する中で，児童生徒が，自他の権利を尊重し情報社会での行動に責任をもつとともに，犯罪被害を含む危険を回避し，情報を正しく安全に利用できるようにするなど，学校における情報モラル教育は極めて重要である。そのため，学習指導要領に基づき，文科省や各種団体が作成している教材等を利用するなど，より一層情報モラル教育の充実に取り組むこと。

○「ネット上のいじめ」等に関する取組の徹底について

　各学校及び教育委員会においては，「いじめ防止対策推進法」（2013（平成25）年　法律第71号）及び「いじめの防止等のための基本的な方針」（平成25（2013）年10月11日文部科学大臣決定 最終改定2017（平成29）年3月14日）等を踏まえ，『ネット上のいじめ』を含むいじめ等に対する取組の更なる徹底を進めていくこと。

○家庭や地域に対する働きかけについて

　「ネット上のいじめ」等は学校外でも行われており，学校だけでなく，家庭や地域における取組も重要である。携帯電話を児童生徒に持たせるかどうかについては，まずは保護者がその利便性や危険性について十分に理解した上で，各家庭において必要性を判断するとともに，携帯電話を持たせる場合には，家庭で携帯電話利用に関するルールづくりを行うなど，児童生徒の利用の状況を把握し，学校・家庭・地域が連携し，身近な大人が児童生徒を見守る体制づくりを行う必要があること。学校及び教育委員会等は，児童生徒を『ネット上のいじめ』や犯罪被害から守るために，引き続き，保護者を始めとする関係者に対し，効果的な説明の機会を捉えて携帯電話等を通じた有害情報の危険性や対応策についての啓発活動を積極的に行い，家庭における携帯電話利用に関するルールづくりやフィルタリングの利用促進に努めること。

## 2. インターネット問題への組織的取組

### ① 指導・啓発における留意点

『提要改訂版』では，以下のような留意点が示されている。

　　○ネットの匿名性

　　　インターネットは匿名でさまざまな行為をすることが可能である。その
　　ため子供たちはインターネット上で，リアルの生活では行わないような，
　　好ましくない行為や場合によっては法に触れる行為を行ってしまうことが
　　ある。

　　○ネットの拡散性

　　　インターネットの拡散性に留意が必要である。インターネットの投稿は，
　　一度発信されると瞬時に広がり，削除することができないので，「デジタ
　　ルタトゥー」と呼ばれている。SNSや動画共有アプリのコメント欄など
　　は，匿名で書き込めるため，躊躇なくひどい誹謗中傷が行われることもあ
　　る。

　　○ネットいじめ

　　　スマートフォンが主流になってからは，無料通話アプリやSNSでの交
　　流が中心となり，これらは基本的に記名が必要となるため，直接的な攻撃
　　よりも，グループから外したり，対象をぼかしたりすることが多くなって
　　いる。スマートフォンが主流の今も，ネット上で名指しで攻撃される場合
　　もある。その場合は，ガラケー時代よりも深刻な状況だと捉える必要があ
　　る。

　　○ネットの長時間利用

　　　SNSでのやり取りや動画視聴等が長時間に及び生活に支障が出るなど。


　なお，2018（平成30）年に厚労省の研究班による「飲酒や喫煙等の実態調査
と生活習慣病予防のための減酒の効果的な介入方法の開発に関する研究　平成
29年度報告書」が公表された。それによると，全国の中学校48校，高校55校の
合計103校を対象に実施したインターネットの利用に関する調査では，イン
ターネットを使いすぎてしまう生徒の数は，その5年前の調査に比べ倍増して

いた。そしてインターネットの使い過ぎで発生した問題では、「成績低下」と「授業中の居眠り」が際立って高かったほか、「遅刻」「友人とのトラブル」も多かった。

すでに2013年に出された、アメリカ精神医学会の DSM-5 で、今後の研究のための病態として「インターネットゲーム障害」が示され、WHO（世界保健機関）から2018（平成30）年に公表された ICD-11 では、ゲーム症（障害）が精神疾患の一つとして位置づけられているが、日本においても、厚生労働省で「ゲーム依存症対策関係者連絡会議」が2020（令和2）年から開催されるようになるなど、ネット依存・ゲーム障害の問題は社会問題の一つともなっている。このようなネット依存・ゲーム障害の問題は、キャリア教育とも関わる生徒指導の課題として、しっかりと認識しその対応に当たる必要がある。

② 組織的取組

『提要改訂版』では、インターネットの問題は瞬時に広範囲に拡散し完全な解決が困難であるため、特に充実した未然防止体制の構築が求められることを指摘している。「また、インターネットに夢中になり、日常生活に支障が出ることもあるため、多方面の専門家などからなる対策委員会を設置し、SC、SSW、警察、消費生活センター、児童相談所等、多角的な視点から状況を把握し、的確な対応ができるように準備しておくことが必要です。併せて、インターネット・ホットラインセンター等、緊急時の相談先を普段から確認しておく」重要性を指摘している。また「インターネットトラブルの発生を把握した場合、緊急会議を開催し、トラブル情報の共有、当該児童生徒及び周辺児童生徒への対応」に当たる必要性に注意を促している。

そして、「インターネットトラブルの発生を把握した場合、緊急会議を開催し、トラブル情報の共有、当該児童生徒及び周辺児童生徒への対応に当たります」とし、「児童生徒がトラブルに巻き込まれた場合、しかるべき大人に早急に相談することが必要です。インターネットトラブルは、教職員や保護者からは見えにくいので、児童生徒が自主的に相談・通報できる窓口の設置が不可欠」ともしている。さらに、「インターネット問題は、学校内だけでは対応で

きない場合が多いため，警察，法律や消費者問題等の専門家等の見解を踏まえた対応を行うこと」を求めている。

## 3. インターネットをめぐる課題に対する重層的支援構造

『提要改訂版』では，まず教職員がインターネットをめぐる課題への対応についての理解を深めることを求めている。その上で，「児童生徒がインターネット問題の対応についての知識を身につけるように働きかけるととともに，インターネットトラブルを生まない環境づくりを目指すことが不可欠です。加えて，トラブルが発生しても自分たちで解決できる人間関係づくりや教職員への相談体制の充実を図り，さらに課題解決に向けて児童生徒と教職員，保護者及び地域等が連携して対応できるシステムづくりを推進するような体制を整備することが急務」であると指摘している。以上を踏まえた上で，「① 未然防止，② 早期発見，③ 適切かつ迅速な対処という三つの局面において，計画に基づく取組を進めることが求められます」とある。

## ① 前提としての方針の確認について

GIGA スクール構想により，学校の授業等で1人1台端末が活用されていることを踏まえて，『提要改訂版』では，「各学校等における極端な制限・禁止や，ネット利用の過度の推進については慎重な態度が必要です」とあり，「端末利用に際して，学校等は明確なルールを提示し，保護者の理解を得ておくことも不可欠」としている。

## ② インターネット問題の未然防止

未然防止の観点から，『提要改訂版』では，「各学校においては，情報モラル教育などを通して，未然防止の取組を講じることが重要です。特定の時間だけでの指導ではなく，教育課程全体（家庭科・技術家庭科，道徳科，特別活動等）を横断して未然防止に取り組むことが必要」とし，「児童生徒が，学級・ホームルームや児童会・生徒会等で議論しながら主体的にルールを定めることは，児童生徒がルールを守ることの重要性を自覚するきっかけになります」と

もしている。

　なお，2010（平成22）年の『生徒指導提要』には，「安易な気持ちで書き込んだとしても被害者の心の傷は深いことに気づかせ，ネットでは通信履歴が残るので，本当は『匿名性』など存在しないことを理解させることが大切です」とあるが，このような指導は問題の未然防止の上からも大切である。

### ③ インターネット問題の早期発見

　『提要改訂版』では，教職員がインターネット問題に興味をもち，児童生徒のインターネット利用実態の変化に敏感であること」を求めている。さらに「インターネット問題だけではなく，日常の些細な困難や悩み事を気軽に教職員等に相談できる信頼関係を築くことと，この問題に特化した相談窓口整備を含めたシステムを構築することが求められます」とある。その上で，「インターネット問題には，学校，家庭，地域が連携して取り組む必要があります」。そして早期発見のために，「危険性の周知だけではなく，フィルタリング等の普及やルールづくりの必要性を伝えておく」こと，「学校，家庭，地域での居場所づくり」の重要性を強調している。

### ④ インターネット問題への適切かつ迅速な対処

　『提要改訂版』では，「インターネットに関する問題を把握した場合，当該児童生徒の被害拡大を防ぐことを最優先します。インターネット上の情報は拡散性が強いので，一刻を争う事態も少なくありませんが，まず当該児童生徒及び保護者等と一緒に解決していく姿勢を示すことが必要です」としている。さらに，対応方針の前提として，「一部の情報やコメントだけで方針を決定するのは危険であり，不断の情報収集と丁寧な聴き取りが必要になります」とし，その上で「丁寧な情報収集によるアセスメントに基づいて，対応方針をすり合わせることが必要です」としている。そして具体的対応については，法的な対応が必要な場合もあり，「速やかに関係機関と連絡を取り合って対応することが，児童生徒を守ること」につながるとしている。

## 4. 関係機関等との連携体制

インターネット問題は，影響が多岐にわたり，解決のためには連携が必須であることに鑑み，『提要改訂版』では，「特にインターネット問題の解決には，特別な知識と対応方法が必要なことが多いため，それぞれの専門性を理解し，協働していくことが重要です」とし，以下の関係機関との連携を例示している。

● 警察との連携　インターネット問題についての情報交換は必須である。また，「非行防止教室」等，警察官が学校に出向いた講話の機会に，インターネット問題について話してもらうことも効果的である。

● 消費生活センターとの連携　児童生徒がインターネット上で，保護者に無断でお金を使うことがあり，詐欺だけではなく，金銭問題に巻き込まれることもある。学校や教育委員会等において当該事案を把握した際には，抱え込むのではなく，早期に消費生活センターへの相談を勧めるなどの支援を行うことも必要である。

なお，インターネット上の様々な問題に直面した際には，上記関連機関に加え，相談内容に応じて各種相談窓口に問い合わせることも考えられるとして，「居住地域にどのような関係機関や相談窓口があるかを，相談機関一覧表を配布するなどして，児童生徒や保護者に周知しておくこと」を提案している。

（長島明純）

## *9*　性に関する課題

### 1. 性に関する法律・方針等

### ① 性犯罪・性暴力と関連するインターネットの法規と対策の方針

2003（平成15）年には，インターネット異性紹介事業の利用に起因する児童買春その他の犯罪から児童を保護することを目的とする「インターネット異性紹介事業を利用して児童を誘引する行為の規制等に関する法律」が成立した。しかし，同法成立後も「インターネット異性紹介事業」の利用よる被害が減らなかったことから，2008（平成20）年に同法が改正され，異性紹介事業者に，

利用者の年齢を確認することを義務付けるなどの規制を厳格化している。

　これに先立ち，1999（平成11）年には，「児童買春，児童ポルノに係る行為等の規制及び処罰並びに児童の保護等に関する法律」が成立している。同法第1条には，「この法律は，児童に対する性的搾取及び性的虐待が児童の権利を著しく侵害することの重大性に鑑み，あわせて児童の権利の擁護に関する国際的動向を踏まえ，児童買春，児童ポルノに係る行為等を規制し，及びこれらの行為等を処罰するとともに，これらの行為等により心身に有害な影響を受けた児童の保護のための措置等を定めることにより，児童の権利を擁護することを目的とする」とある。

　その上で，2020（令和2）年に，政府の「性犯罪・性暴力対策強化のための関係府省会議」において，「性犯罪・性暴力対策の強化の方針」が決定されている。この中には「性犯罪・性暴力は，被害者の尊厳を著しく踏みにじる行為であり，決して許されないものである」とある。『提要改訂版』では，この方針を踏まえ，「児童生徒が生命（いのち）を大切にし，性犯罪・性暴力の加害者にも，被害者にも，傍観者にもならないよう，全国の学校において「生命（いのち）の安全教育」を推進すること」を求めている。

## ② 性同一性障害に関する法律

　性同一性障害に関して，2003（平成15）年に「性同一性障害者の性別の取扱いの特例に関する法律」が成立し，2010（平成22）年には，文科省から「児童生徒が抱える問題に対しての教育相談の徹底について（通知）」が出されているが，そこでは「性同一性障害のある児童生徒は，生物学的には性別が明らかであるにもかかわらず，心理的にはそれとは別の性別であるとの持続的な確信を持ち，かつ，自己を身体的及び社会的に他の性別に適合させようとする意思を有する者であり，学校での活動を含め日常の活動に悩みを抱え，心身への負担が過大なものとなることが懸念されます。こうした問題に関しては，個別の事案に応じたきめ細やかな対応が必要であり，学校関係者においては，児童生徒の不安や悩みをしっかり受け止め，児童生徒の立場から教育相談を行うこと」と配慮を求めている。

　2015（平成27）年には，文科省から「性同一性障害に係る児童生徒に対する
きめ細かな対応の実施等について」が出されている。そこには，「悩みや不安
を受け止める必要性は，性同一性障害に係る児童生徒だけでなく，いわゆる
『性的マイノリティ』とされる児童生徒全般に共通するものであることを明ら
かにしたところです。これらについては，「自殺総合対策大綱」（2012（平成24）
年8月28日閣議決定）を踏まえ，教職員の適切な理解を促進すること」を求めて
いる。

## 2. 学校における性に関する指導
　『提要改訂版』によれば，「児童生徒が性について正しく理解し，適切に行動
を取れるようにすることを目的に実施し，体育科，保健体育科や特別活動をは
じめ，学校教育活動全体を通じて指導すること」と，学習指導要領に基づく対
応を求めている。そして指導においては，計画性をもって実施することを求め，
「発達の段階を踏まえること，学校全体で共通理解を図ること，保護者の理解
を得ること，事前に集団で一律に指導（集団指導）する内容と，個々の児童生
徒の状況等に応じ個別に指導（個別指導）する内容を区別しておくこと」など
に留意すべきであるとしている。

## 3. 性に関する課題の早期発見・対応
　『提要改訂版』によれば，問題や心配事を抱えた児童生徒は何らかのサイン
を発している場合が少なくないとして，「課題予防的生徒指導の観点から，教
職員はそうしたサインに気付けるよう努めるとともに，気付いた際は，事態を
深刻化させないためにチーム支援に基づく迅速な対応を行う」必要性を指摘し
ている。また，「問題への対応に当たっては，教職員の誰かが得た情報を教職
員間で共有する場を設け，生徒指導部，教育相談部，保健部などのそれぞれの
組織が情報を共有し，役割を分担した上でチームとして取組を進めることがで
きる実効性のある組織体制を築いていくこと」の重要性を指摘している。さら
に，「発見しにくい性的虐待や性被害なども，本人からの訴えや健康相談，保
健室での会話や様子の観察から，発見されることもあります。そのため，対応

に当たっては，養護教諭と関係する教職員が情報の共有を図り，緊密な連携に基づく支援を行うこと」が重要であると指摘している。加えて，性に関する課題の早期発見・対応には，「学校，家庭，地域が一体となって，緊密な連携の下に児童生徒の健全な成長を支えるために，地域ぐるみの青少年育成活動が展開される必要」があるとしている。

## 4. 性犯罪・性暴力に関する生徒指導の重層的支援構造
### ①「生命（いのち）の安全教育」による未然防止教育の展開

　2021（令和3）年には，文科省と内閣府が連携し「生命（いのち）の安全教育」のための教材及び指導の手引き等を作成している。この指導の手引きには，この教育の意義として，「子供たちに，そして，社会に，①生命（いのち）の尊さや素晴らしさ，②自分を尊重し，大事にすること（被害者にならない），③相手を尊重し，大事にすること（加害者にならない），④一人一人が大事な存在であること（傍観者にならない）というメッセージを，強力に発信し続けること」が重要であるとしている。そして，「性暴力の加害者，被害者，傍観者にならないようにするために，生命の尊さを学び，性暴力の根底にある誤った認識や行動，また，性暴力が及ぼす影響などを正しく理解した上で，生命を大切にする考えや，自分や相手，一人一人を尊重する態度等を，発達段階に応じて身に付ける」との目標を示している。

　なお，『提要改訂版』では，「生命（いのち）の安全教育」の指導の手引きである「生命の安全教育の推進に当たっての留意事項」の内容を整理し，以下のように示している。

- 授業後に，児童生徒が性暴力被害を受けた，受けていることを開示してきた場合の対応を事前に検討しておく必要がある。
- 家庭で被害経験（性暴力被害のみならず，身体的虐待や心理的虐待，ネグレクトの被害を含む）がある児童生徒は，「自分の体も相手の体も大切」等の内容を理解，実践できない可能性がある。
- 挨拶の際の行動や，距離感等の考え方が，文化によって異なる場合がある。外国人児童生徒の文化的な背景に十分配慮し，外国人児童生徒の行

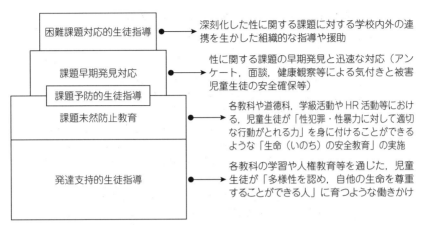

**図 4 - 13　性犯罪・性暴力に関する生徒指導の重層的支援構造**

出所：文部科学省（2022：258）.

　　動が他の児童生徒からの非難の対象となったり，外国人児童生徒の自尊
感情を低下させたりするようなことがないようにする必要がある。

## ② 性的被害者への対応

　『提要改訂版』では，未然防止教育の観点から，「どのような被害が起きるの
かを正しく理解することが出発点になります。その上で，自ら考え，相手の意
思を尊重した行動がとれるような態度や姿勢を身に付けることができるように
働きかけます」としている。特に「被害に遭った児童生徒に対しては，誤った
指導を行うことで二次的な問題が生じないように，最大限に配慮すること」を
求めている。さらに，「性的虐待や性的被害などに遭遇した児童生徒は，心的
外傷後ストレス障害（PTSD）を引き起こすことも多く，心身に及ぼす影響は
深刻なものが多いため，慎重な対応が求められます。児童生徒の聴き取りも専
門的な技術を要することから，早期に専門家に相談することが必要です。その
上で，養護教諭，学級・ホームルーム担任，学校医，SC や SSW などが連携
して援助していくとともに，関係機関や医療機関などと連携して対応に当たる
こと」を求めている。

　また「性的虐待は，加害者が，保護者や家族・親族・同居人等，子供と近い

表4-3 「生命（いのち）の安全教育」の各段階におけるねらい

| 段階 | ねらい |
|---|---|
| 幼児期 | 幼児の発達段階に応じて自分と相手の体を大切にできるようにする。 |
| 小学校<br>（低・中学年） | 自分と相手の体を大切にする態度を身に付けることができるようにする。また，性暴力の被害に遭ったとき等に，適切に対応する力を身に付けることができるようにする。 |
| 小学校<br>（高学年） | 自分と相手の心と体を大切にすることを理解し，よりよい人間関係を構築する態度を身に付けることができるようにする。また，性暴力の被害に遭ったとき等に適切に対応する力を身に付けることができるようにする。 |
| 中学校 | 性暴力に関する正しい知識をもち，性暴力が起きないようにするための考え方・態度を身に付けることができるようにする。また，性暴力が起きたとき等に適切に対応する力を身に付けることができるようにする。 |
| 高校 | 性暴力に関する現状を理解し，正しい知識を持つことができるようにする。また，性暴力が起きないようにするために自ら考え行動しようとする態度や，性暴力が起きたとき等に適切に対応する力を身に付けることができるようにする。 |
| 特別支援学校 | 障害の状態や特性及び発達の状態等に応じて，個別指導を受けた被害・加害児童生徒等が，性暴力について正しく理解し，適切に対応する力を身に付けることができるようにする。 |

文部科学省（2022：260）．

関係性の者である場合や，子供自身も被害に遭っているという認識を持てていない場合もあり，表面化しにくく，発見しにくい虐待の一つです。被害に遭った子供の告白以外に発見できる可能性が低く，客観的な証拠も少ないため，被害についての開示があった場合は，速やかに児童相談所等へ通告をすることが不可欠です」。その後についても「被害児童生徒の様子を見守りつつ，保護者と定期的に連絡を取り，被害児童生徒の心身の回復に向けて必要なことや保護者が望んでいることを，教職員が理解する」ように配慮を求めている。

## 5. 「性的マイノリティ」に関する課題と対応

『提要改訂版』によれば，「性同一性障害に係る児童生徒については，学校生活を送る上で特別の支援が必要な場合があることから，個別の事案に応じ，児

童生徒の心情等に配慮した対応を行うことが求められています。生物学的な性と性別に関する自己意識（以下「性自認」という）と「性的指向」は異なるものであり，対応に当たって混同しないことが必要です」と注意を促している。「性的マイノリティ」については，「LGBTのほかにも，身体的性，性的指向，性自認等のさまざまな次元の要素の組み合わせによって，多様な性的指向・性自認を持つ人々が存在します指向とは，恋愛対象が誰であるかを示す概念とされています」と解説している。

　なお，大久保（2020）は，「発達障害の特性のある人のセクシャリティにまつわる訴えの中で，共通しやすいのは，自身の発達障害からくる不適応感からくる精神的負担を，自分の性別のせいにし，そう思い込んでしまう場合がある」（伊藤，2019：64）ことから，性自認と発達障害とが混同される場合があることに注意を促している。

## ①「性的マイノリティ」に関する理解と学校における対応

　文部科学省は，性同一性障害や性的指向・性自認に係る児童生徒に対するいじめを防止するため，「いじめ防止対策推進法」に基づく「いじめの防止等のための基本的な方針」を2017（平成29）年に改定し，「性同一性障害や性的指向・性自認について，教職員への正しい理解の促進や，学校として必要な対応について追記し周知した。これをふまえて『提要改訂版』では，「教職員の理解を深めることは言うまでもなく，生徒指導の観点からも，児童生徒に対して日常の教育活動を通じて人権意識の醸成を図ること」が重要であるとしている。

　その上で，次のような配慮事項を示している。

- 「性的マイノリティ」とされる児童生徒への配慮と，他の児童生徒への配慮との均衡を取りながら支援を進めること。
- 「性的マイノリティ」とされる児童生徒が求める支援は，当該児童生徒が有する違和感の強弱などに応じてさまざまである。また，こうした違和感は，成長に従い減ずることも含めて変動があり得るものとされているため，学校として，先入観をもたず，その時々の児童生徒の状況などに応じた支援を行うこと。

表4-4 性同一性障害に係る児童生徒に対する学校における支援の事例

| 項目 | 学校における支援の事例 |
|---|---|
| 服 装 | ・自認する性別の制服・衣服や，体操着の着用を認める。 |
| 髪 型 | ・標準より長い髪形を一定の範囲で認める（戸籍上男性）。 |
| 更衣室 | ・保健室・多目的トイレ等の利用を認める。 |
| トイレ | ・職員トイレ・多目的トイレの利用を認める。 |
| 呼称の工夫 | ・校内文書（通知表を含む。）を児童生徒が希望する呼称で記す。<br>・自認する性別として名簿上扱う。 |
| 授 業 | ・体育又は保健体育において別メニューを設定する。 |
| 水 泳 | ・上半身が隠れる水着の着用を認める（戸籍上男性）。<br>・補習として別日に実施，又はレポート提出で代替する。 |
| 運動部の活動 | ・自認する性別に係る活動への参加を認める。 |
| 修学旅行等 | ・1人部屋の使用を認める。入浴時間をずらす。 |

出所：文部科学省（2022：266）．

●他の児童生徒や保護者との情報の共有は，当事者である児童生徒や保護者の意向などを踏まえ，個別の事情に応じて進める必要がある。

② 「性的マイノリティ」に関する学校外における連携・協働

『提要改訂版』では，「当事者である児童生徒の保護者との関係」「教育委員会による支援」「医療機関との連携」の重要性を示しているが，これらの連携における留意点として，「学校は，個別の事案における本人や家庭の状況などに応じた取組を進める」ことに留意を促している。 　　　　　（長島明純）

## 10 多様な背景をもつ児童生徒への生徒指導

学校では，不登校や暴力，いじめ，学習意欲の低下など，表面的には学校不適応と映る児童生徒と出会うことは少なくない。しかし，その児童生徒に対し理解を深めていくと，その背景に発達障害や精神疾患，虐待等を見出すことがある。また，親自身が抱える病理や愛着の障害が，今ここにおける児童生徒の

問題の背景に大きく影響していることを発見することもある。

　一般的に，教員はこのような背景をアセスメントする力が弱いと指摘される。生徒指導では，チーム学校で SC や SSW 等と連携しながら，児童生徒が抱える様々な背景を共通理解した上で強力に取り組んでいくことが求められる。

## 1. 発達障害に関する理解と対応

　発達障害とは，広義には，精神面，運動面の発達に課題があり，日常生活に様々な困難が生じるものをいう。日本では，「発達障害者支援法」で「自閉症，アスペルガー症候群その他の広汎性発達障害，学習障害，注意欠陥多動性障害その他これに類する脳機能の障害であってその症状が通常低年齢において発現するものとして政令で定めるものをいう」と定義している。本書では，医学的な診断基準に用いられるアメリカ精神医学会発行の DSM-5 に基づく診断名を用い，主な発達障害とそれに関する障害について解説する。

## ① 自閉スペクトラム症（ASD：Autistic Spectrum Disorders）

　他者と関わるのが苦手で社会的コミュニケーションと対人関係の構築に困難さがあり，興味の対象，動作のパターンが限られている。人の表情や会話の内容から相手の気持を推察したり，抽象的な表現に込められた意図を読み取ることに困難さがある。以前はさらに細かい診断に分類されていたが，自閉症に関連する症状は連続体として捉える概念が広く受け入れられるようになった。

## ② 注意欠如・多動症（ADHD：Attention-Deficit Hyperactivity Disorder）

　注意力・集中力が続かない，衝動性・多動性があり，落ち着かないという特徴がある。注意欠如が主であるタイプ，多動性・衝動性が主であるタイプ，両方の傾向が見られる混合型のタイプがある。早合点や不注意，指示通りに行動できないことなどで失敗する経験を重ね，学習意欲の低下や友人関係における不和などを招きやすい。多動性は，多くの場合，青年期までに消失していくとされるが，注意欠如や衝動性は，成人期まで続くとされている。

### ③ 限局性学習症／限局性学習障害（SLD：Specific Learning Disorder）

　全般的な知的発達の遅れはないものの，読む，書く，計算する能力のうち，特定の習得や活用に困難さがある。課題が理解できても，達成には困難さが伴う。周囲からは努力不足，やる気がないと見られがちになり，ますます意欲低下を招いてしまうことがある。なお，文科省が定義する「学習障害（LD）」には，上記の読み書きなどの困難に加え，聞く，話すの困難も加わっている。

　これら発達障害の基本的な特性は生涯にわたるものであるが，幼少期に目立たなかったのが児童期以降に発現したり，支援により，あるいは成長に伴い目立たなくなったり，別の障害に移行したりするものもある。また，複数のカテゴライズを併せもったり，知的な発達の遅れを伴ったりする場合もある。

### ④ 発達障害と二次障害

　発達障害のある児童生徒は，指示されたことができにくく，失敗経験を繰り返して不安や葛藤を抱えやすい。また，他者から叱責を受ける経験を重ね，抑うつ感や自己肯定感の低下も招きやすい。すると，所属するコミュニティから疎遠になったり，教師や親の指示に反抗や拒否をしたり，仲間へ攻撃的な行動をとったりするなど，二次障害を生じる場合もある。適切な支援がなく二次障害がひどくなると，反抗挑戦性障害や行為障害に移行するという考え方もある。

### ⑤ 愛着の障害と虐待，発達障害

　発達障害の診断を受け，適切な支援を実施してもなかなか成長の見られない児童生徒について理解を深めていくと，実は虐待が潜んでいることを発見することは少なくない。これは発達障害ではなく，愛着の障害に位置づけられる。

　愛着とは乳幼児期に養育者との間に形成される安定的な情緒発達の礎となり，人間関係形成の共感性や道徳性の発達を促すものである。それに対し，虐待傾向や養育者が次々に変わる環境の中では，愛着形成は阻害され人と結びつく力である基本的信頼感が育たず，人格の発達にも影響を受ける。

　愛着形成にはいくつかのタイプがあり，虐待に起因する愛着形成の問題が概念的に整理されている状況にはない。しかし，愛着形成の対人関係や感情機能

への影響が指摘され，発達障害と似た症状を生み出すことがある。発達性トラウマ障害，複雑性 PTSD 等の診断名で，その治療は専門医でなければできない。

　乳幼児期の愛着障害が，就学期には注意欠如・多動症（ADHD）に移行し，思春期には行為障害，成人期以降は反社会性人格障害に移行するという説もある。


　発達障害の支援にあたって押さえておきたいことは，決して発達障害の診断名がカテゴライズする特性から逆算して，児童生徒を理解しようとしないことである。今や，「発達障害と診断された児童生徒の約半数は愛着障害」と言われている。筆者も，家庭の虐待やドメスティックバイオレンスの情報を医師が得ないまま発達障害の診断名が下された児童生徒の事例にいくつか遭遇した。

　学校においては，「個別の教育支援計画」を活用し，学期ごとに，さらには小学校では上学年，下学年の３年間といった短期的，中長期的な目標と支援の手立てを，学校と保護者，関係機関が情報共有しながら講じていくことが重要である。そして，学年や校種が上がるごとに引き継ぎ，一貫性のある支援を保証し実施していくことが，児童生徒の発達をていねいに支えることにつながる。

　保護者の了解が得られない場合は，「個別の指導計画」を作成し，児童生徒に関わる教職員間で目標や支援の手立てを共有することが重要である。

　さらには，学校の支援体制として，特別支援教育コーディネーターを中心に，校内支援委員会をコンパクトな人数構成で機動力をもたせ機能させていくことが大切で，必要に応じて SC や SSW の参加を求め，本人のみならず，保護者の心理的支援や関係機関との連絡調整も豊かに行っていきたい。


## 2.　精神疾患に関する理解と対応

　小学校高学年から高校時代にかけては，統合失調症等の精神的な病理や心の問題が起きやすい時期にあたる。リストカットなどを含む自傷行為も小学校高学年から現れやすい。自傷行為は一過性のものであるとされるが，周囲の児童生徒に伝染しやすい面もある。また，中学校時代の女性に多く発症するのが摂

食障害である。これには，神経性やせ症と神経性大食症がある。自殺については，中・高等学校時代の女性に，精神疾患を含む病気の悩みによるものが圧倒的に多いという現実もある。

筆者（大久保）が病院臨床で出会った，中・高校生の病理には統合失調症，神経性やせ症，自己愛性パーソナリティ障害，境界性パーソナリティ障害，全般性不安障害，パニック障害，自己臭症，醜形恐怖症，リストカット等々と枚挙に暇がない。児童生徒の生徒指導上の課題の背景に，これら精神疾患がその要因となっている場合が多くある。以下，主なものを解説する。

### ① 統合失調症

青年期になって発症することが多い精神疾患。症状としては，幻覚や妄想，激しい興奮を伴う陽性症状と，意欲低下や感情の平板化，思考の痩せ衰え，社会的引きこもりなどが現れる陰性症状とに分けられる。統合失調症の症状や経過は実に様々で，この病気の中核となる症状の定義は現在も様々な見解がある。

発症直後は急性期と呼ばれ，陽性症状が活発な時期で，薬物療法による鎮静，十分な安静による妄想等の軽減が必要。陽性症状が軽快し，陰性症状が出て抑うつ的になる時期は慢性期と呼ばれ，薬物療法と並行して社会復帰に向けたリハビリテーションとしてソーシャル・スキル・トレーニングや作業療法等が有効。認知行動療法も有効である。かつては，統合失調症にカウンセリングは相容れないと言われた時期もあったが，本人の社会復帰に向け，また，家族に対する病気の理解や本人への支援のため，カウンセリングも有効活用されている。

### ② 気分障害

以前は，そううつ病と呼ばれていた精神障害である。そうという気分高揚，うつという感情低下の気分変動を繰り返す双極性障害，うつだけを繰り返す単極性障害がある。人の生活の基本的な食事，睡眠等の機能が低下したり，時には希死念慮が起こったりする。基本的には治る病気であるが，単日，数週間から数箇月，あるいは数年にわたってどちらかの病相が現れるなど様々な場合がある。

そう病の治療には，薬物療法による鎮静が必要である。うつ病に対しては，休養と薬物療法，認知行動療法などが柱になる。

### ③　不安障害

　かつてノイローゼと呼ばれていた病気の延長線上にある病気。パニック障害，全般性不安障害，限局性恐怖症，分離不安障害，強迫性障害などが含まれる。中でも，パニック障害は10人に一人の割合で発症するという調査もある。10代で始まることが多いこの病気は，以前は不安発作と呼ばれ，動悸，過呼吸，発汗，胸部の圧迫感などの症状が突発的に生じる。一度発症すると，「また起きるのではないか」という不安を感じさせ，回復に時間がかかることもある。

　不安障害は心理的要因が強く関与しており，薬物療法とともに心理療法的な支援が有効である。

### ④　摂食障害

　青年期に多く発症する摂食障害には，大別して神経性やせ症と神経性過食症がある。かつては思春期やせ症と呼ばれており，多くは思春期の女性に多いとされたが，男性にも起こりうるし，小学生段階や成人期に発症する例もある。

　神経性やせ症は，食べない，食べても吐いてしまうなど，食行動は様々だが，著しく低体重になり，体脂肪減少による女性ホルモンの減少，月経不順，骨粗しょう症の進行等が見られる。ただし，本人には自覚がないことも多い。

　神経性過食症は，過食を繰り返すが，一度食べはじめたら食べることをコントロールできない。その反面，肥満に対する恐怖から，自己誘発性嘔吐や下剤の使用，絶食，過剰な運動を伴う場合もある。過食には，自己嫌悪感や抑うつ感情との関係が深く，万引き，自傷行為，自殺企図を伴う場合もある。

　治療には，本人の自覚がない場合も多く，困難を伴う。支援の初期には，本人との信頼関係を築くことが大切になる。神経性やせ症では，目標体重を決め，食事指導による栄養回復と低下している自己評価へ働きかける心理療法。神経性過食症では，自己の状況と病気の理解の促進，食行動のコントロールや生活習慣の立て直しが必要となる。また，どちらの場合も，家族関係を見直してコ

ミュニケーションの改善を図るなど，家族単位の支援が必要である。

　これらの精神疾患は，多くの場合，第二次性徴の発現に伴うイライラや不安，抑圧，自分の変化に対する抵抗感等と重なるため，「時期的なもの」と見過ごされることが少なくない。もちろん，イライラ等がすべて病理に結びつく訳ではない。しかし，生徒指導を進める上で，教員が精神疾患を理解しておくことは大事である。児童生徒の生活リズムや生活環境の調整をすることで改善されればよいが，悪化する様子がうかがえるような場合は，保護者や SC 等と連携し，対応を協議することが必要となる。ただし，統合失調症等，SC 等の支援の範疇を超える精神疾患の場合，医師等，専門機関につなぐ必要がある。

　その際，SC や SSW には所属機関が規定する守秘義務の問題が発生することを，教員側もよく理解しておかなければならない。時には，本人や保護者からSC に対し，「担任にも知らせないで欲しい」との申し入れがなされ，他の教員と情報共有しないまま支援が成される場合もある。校内支援委員会での情報共有や検討，管理職への報告・相談等について，どの範囲まで「閉ざされた組織で情報をオープンにするか」，チーム学校として協議をしておく必要もある。

　近年はチーム学校として，SC が教員と協働で，「こころの授業」や「SOSの出し方教室」等の授業実践をしている事例が，SC の研修会では数多く報告されている。精神疾患について，チーム学校として教員は SC 等と協働しながら，日頃から児童生徒に対して次のような情報を発信することが臨まれる。

- 精神疾患に罹患するということは，誰にも起こり得る。
- 精神疾患の発症には，食事や睡眠など，生活習慣が影響する。
- 精神疾患や心の不調を感じたら，早めに誰かに SOS を発信し相談する。

## 3. 健康課題に関する理解と対応

　児童生徒の健康課題に関する法規「学校保健法」は，2009（平成21）年に「学校保健安全法」に改正，施行された。主な変更点は，児童生徒の健康保持のみならず，教職員も含めたメンタルヘルス，アレルギー疾患への対応，食育推進，事件・事故・災害等に対する安全確保に関する必要事項が定められたことである。

### ① 生徒指導における健康課題への対応

　『提要改訂版』でも，生徒指導における健康課題への対応と関わりについて，様々示している。すなわち，児童生徒の生徒指導上の課題には様々な背景があり，前項で述べた精神疾患等以外に，心身の健康課題が潜んでいる場合もある。児童生徒の心身の健康課題については，学校保健安全法第8条で健康相談が，同法第9条では健康観察による健康課題の把握に努めることが規定されている。

　学校における児童生徒の健康課題を把握する最前線は，学級・ホームルーム担任による健康観察で，養護教諭によって全校的に集約される。また，各教科担任により，授業中の児童生徒の学習への取組状況が観察されることになる。

　児童生徒の心身の健康課題の背景が多様化していることを鑑みると，児童生徒の健康課題の把握・理解は，教員単独の情報把握では不十分である。チーム学校として，まずは学級・ホームルーム担任と養護教諭とが連携し，必要に応じて SC，SSW 等の関係者間で情報交換を行い，児童生徒を医学的要因・心理社会的要因・環境要因から多面的に理解し，課題の本質を捉えていくことが重要になる。その情報は，生徒指導部会，職員会議等により全教職員が共有し，役割分担をしつつ，共通実践としての生徒指導を推進する必要がある。

　さらに，必要に応じて，学級・ホームルーム担任，養護教諭，学校医・学校歯科医・学校薬剤師の学校三師，SC，SSW 等の関係者が連携し，それぞれの専門性を発揮しながら，健康相談を実施し，児童生徒の健康課題の解決に向かわなければならない。

### ② 健康課題に対する養護教諭を軸とした校内体制

　「チームとしての学校の在り方と今後の改善方策について」(2015 (平成27)年12月21日答申) では，「養護教諭は，児童生徒の身体的不調の背景に，いじめや虐待などの問題がかかわっていること等のサインにいち早く気付くことのできる立場にある」，「教諭とは異なる専門性に基づき，心身の健康に問題を持つ児童生徒等に対して指導を行っており，健康面だけでなく生徒指導面でも大きな役割を担っている」とある。

　養護教諭は，担任が行った健康観察を集約し，全校的なけがの発生状況，よ

く不調を訴える，逆に用もないのに保健室によく来室する児童生徒の様子等を捉えて，児童生徒個々，さらには学級や学年，学校全体の健康課題の傾向を把握する立場にある。そうした情報収集と分析（アセスメント）以外にも，心身に関する相談（カウンセリング），保健の専門的助言（コンサルテーション），専門機関等との連携調整（コーディネーション）の各機能を有している。

　たとえば，養護教諭が児童生徒の心身の不調のサインや虐待の兆候などを発見した場合，即時に学級・ホームルーム担任等と普段の学校生活の様子や最近の学業成績，友人関係や家庭状況等の情報を照合し，対応を検討することになる。

　また，養護教諭は教職員に向けて，保健室の利用状況（疾病・けがの発生状況，来室者の傾向等），健康相談の結果，児童生徒の生活リズムや家庭での食事状況等，児童生徒の心身の健康に関して把握した情報を，生徒指導や教育相談を実施するための資料として提供している。

　養護教諭が生徒指導部会の構成員として，教職員間の情報共有，共通理解に対して健康的側面を積極的に情報提供する。それによって，生徒指導における健康課題の解決に向けた，生徒指導主事との連携強化，さらにはチーム学校として特別支援教育コーディネーター，SC，SSW，学校医等との連携強化を図ることができ，学校体制として，課題を抱えた児童生徒への支援やアプローチを多角的，重層的に進めることが可能になる。

### ③ 養護教諭との連携

　保健室は児童生徒が心身の不調を訴え，はじめから自分の弱みを見せて来室できる校内で唯一の場所である。したがって，「担任（保護者）には言わないで」と言って，悩みを打ち明けられることがよくあるのも養護教諭である。その養護教諭が児童生徒と教員との板挟みになって苦しむ立場になる事例は，残念ながら少なくない。そのような事態を避けるためにも，管理職，生徒指導主事，教育相談担当者等がよく連携を保つことが重要になる。

### ④ 健康課題に関する関係機関との連携

　児童生徒の心身の健康課題が多様化し，医療や行政の支援を必要とする事例

も増えている。学校単独で全ての課題解決に当たることは困難な状況にある。そこで『提要改訂版』では，学校医や地域の医療機関，自治体の子ども課等の関係機関との連携を日頃から図ることが重要になることを指摘している。関係機関との連携に際しては，各機関の役割や専門性等，担当窓口や連携方法等を教職員が正しく理解しておく必要がある。校内研修等で，生徒指導上や保健安全上の予防や危機対応についてシミュレーションをし，危機管理マニュアルを更新すること，日頃からの地域の関係機関等との連携体制づくり等に，管理職がリーダーシップを発揮して取り組むことが大切になる。

### 4. 支援を要する家庭状況

　家庭は，社会生活における基本単位となる集団である。児童生徒の健全な成長の基盤であるとともに，全ての教育の出発点となるのが家庭教育である。しかし，現在，家庭の在り方は多様化し，児童生徒の成長発達に対する家庭の役割も複雑になってきている。『提要改訂版』では，支援を要する家庭状況を踏まえた支援のあり方について様々な観点から解説している。

　家庭には，児童生徒の健全な成長発達に対し，家庭教育の機能が遺憾なく発揮されることが期待される。しかし，家庭の様々な事情により，その家庭教育が十分に機能されなかったり，児童生徒にとって利益になることが後回しにされたり，児童生徒にとってリスクのある状況が発生したりする場合がある。それに対し，福祉を担当する行政機関等は，保護者のニーズに応え，場合によっては保護者の意向を超えてでも，児童生徒支援のため家庭に介入することがある。その際，その介入に学校も協力することとなる。

### ① 学校が行う家庭への支援

　行政機関等が家庭に介入する際，学校が協力するといっても，学校単独で保護者に指導したり家庭に介入したり，ましてや家庭の在り方を批判する役割を担うわけではない。学校が家庭に対して支援を行う場合，あくまでも保護者の同意や了承を得て実施することが前提となる。学校側に，家庭それぞれの事情や多様性を認め，あくまでも家庭と協働して児童生徒の教育に臨むという姿勢

があってこそ，保護者の方から困難さの表出がなされ，学校の支援の受け入れ
につながっていく。

　そのため，指導するという立場ではなく，あくまでも児童生徒の健全な育成
のため，問題解決について一緒に考えましょうという態度で接することが重要
となる。家庭と協働して，健全な生徒指導や教育相談を進めるためには，この
ような援助要請を的確に引き出す態度や力量が教員には求められる。


## ②　家庭訪問における留意点

　困難さを抱える家庭の支援のための働きかけにおいて，対面すること自体，
そもそも電話連絡さえできない場合は少なくない。そこで，家庭訪問をするこ
とになる。この場合，慎重に本人や保護者の思いに配慮することが必要となる。
　不登校への家庭訪問に関して，「不登校児童生徒への支援の在り方について」
（2019（平成31）年10月25日通知）では，次の内容が示されている。

- 学校は，プライバシーに配慮しつつ，定期的に家庭訪問を実施して，児
  童生徒の理解に努める必要があること。また，家庭訪問を行う際は，常
  にその意図・目的，方法及び成果を検証し適切な家庭訪問を行う必要が
  あること。
- 家庭訪問や電話連絡を繰り返しても児童生徒の安否が確認できない等の
  場合は，直ちに自治体又は児童相談所への通告を行うほか，警察等に情
  報提供を行うなど，適切な対処が必要であること。

　これらは，全ての生徒指導に共通する家庭への働きかけの留意点となる。家
庭訪問の目的を明確にし，プライバシーに配慮し，訪問の成果や課題を検証し
ながら，適切な実施に努めることが非常に重要になる。


## ③　特に行政が積極的に支援を行うもの

　「児童福祉法」には，行政が積極的に介入することを求められる区分として，
以下に示すものを挙げている。

- 要保護児童：保護者のない児童又は保護者に監護させることが不適当で

あると認められる児童（この場合の児童とは，18歳未満の者を示す）
- ●要支援児童：保護者の養育を支援することが特に必要と認められる児童
- ●特定妊婦：出産後の養育について出産前において支援を行うことが特に必要と認められる（児童生徒の予期しない妊娠による）妊婦

　これらは，児童虐待の場合と同様に，本人や保護者の意向に関わらず，学校には通告の義務や情報提供の努力義務が課せられ，行政と学校が連携して通告や情報提供を行う。この場合，守秘義務は適用されないことになっている。
　上記以外にも，ひとり親を含む家庭の経済的困窮や子どもの貧困に対する対策として，就学援助の制度があり，これは自治体によってその内容は異なるが，学校と連携して，学用品費，学校給食費，修学旅行費等を援助している。また，自治体によっては，高校生までの医療費を無償とする施策も行われている。

### ④ 近年，新たに見られるようになった家庭状況
　近年，新たな家庭状況として，以下の問題が挙げられる。
- ●ヤングケアラー：一般的に，本来大人が担う家事や家族の世話などを，日常的に行っているような児童生徒
- ●外国人児童生徒等：外国籍の児童生徒のみならず，帰国児童生徒や国際結婚家庭の児童生徒等，多様な文化的・言語的背景をもつ児童生徒の増加

　これらについても，行政と学校が連携し，ケース会議を重ねながら情報を共有し，支援の目的と方法の決定，役割分担をしながら家庭の支援に当たっている。たとえば，貧困とネグレクト，ヤングケアラーの問題が関わる不登校事例では，学校や自治体の福祉課，民生委員，警察等によるケース会議で協議の上，校長が保護者との関係性を深め，役場に保護者を伴って生活保護の手続きを行い，家庭の支援，児童生徒が登校できるよう支援を行ったものもある。
　SC や SSW はもとより，行政の福祉課，民生委員，児童委員，児童相談所，警察等々と，児童生徒の健全な育成に向け，連携の輪は広まりつつある。

（大久保敏昭）

1. 授業中，机間巡視をしていると，手首にリストカットによる傷跡がある児童生徒を発見した。このような場合どのように対応するか，自分なりに説明してみよう。

2. 学校を休みがちな児童生徒に対し，個別に面談をしていると，「他の先生には言わないで」と前置きされ，ヤングケアラーであることを打ち明けられた。このような場合，どのように対応するか自分なりに説明してみよう。

### 引用・参考文献

暴力行為のない学校づくり研究会（2011）『暴力行為のない学校づくりについて（報告書）文部科学省.

不登校に関する調査研究協力者会議（2003）『今後の不登校への対応の在り方について（報告）』文部科学省.

不登校に関する調査協力者会議（2016）『不登校児童生徒への支援に関する最終報告』文部科学省.

法務省（2022）『令和4年版犯罪白書』法務省.

伊藤瑠璃子（2019）「LGBTQ＋と発達障害」『LGBTQ＋児童・生徒・学生への支援』誠信書房.

児童生徒の自殺予防に関する調査研究協力者会議（2014）『子供に伝えたい自殺予防（学校における自殺予防教育導入の手引）』文部科学省.

国立教育政策研究所生徒指導・進路指導研究センター（2021）『いじめ追跡調査2016-2018』.

近藤卓編（2003）『いのちの教育　はじめる・深める授業のてびき』実業之日本社.

厚生労働省自殺対策推進室・警察庁生活安全局生活安全企画課（2022）『令和3年中における自殺の状況』

厚生労働省（2007）『子ども虐待対応の手引き』厚生労働省.

厚生労働省（2019）『令和元年版自殺対策白書』厚生労働省.

文部科学省・内閣府（2021）『生命（いのち）の安全教育』.

文部科学省（1993）『高等学校中途退学問題への対応について』.

文部科学省（2007）『問題行動を起こす児童生徒に対する指導について（通知）』.

文部科学省（2010a）『生徒指導提要』教育図書.

文部科学省（2010b）『児童生徒が抱える問題に対しての教育相談の徹底について（通知）』.

文部科学省（2013）『いじめの防止等のための基本的な方針』.

文部科学省（2015）『性同一性障害に係る児童生徒に対するきめ細かな対応の実施等について』

文部科学省（2017）『いじめの重大事態の調査に関するガイドライン』.

文部科学省（2019a）『不登校児童生徒への支援の在り方について（通知）』.

文部科学省（2019b）『再犯防止推進計画を受けた児童生徒に係る取組の充実について（通知）』.

文部科学省（2023）『生徒指導提要令和 4 月12月改訂』ジアース教育社.

文部科学省『学校基本調査』.

文部科学省『児童生徒の問題行動・不登校等生徒指導上の諸課題に関する調査-用語の解説』.

森田洋司（2010）『いじめとは何か』中央公論新社.

村上伸治（2022）「子どもの発達を支える心理療法」青木省三・福田正人編『こどものこころと脳——発達のつまずきを支援する』日本評論社.

長島明純編著（2020）『はじめて学ぶ生徒指導とキャリア教育』ミネルヴァ書房.

大久保敏昭（2020）「児童生徒の心理と児童生徒理解」長島明純編著『はじめて学ぶ生徒指導とキャリア教育』ミネルヴァ書房.

尾崎米厚ほか（2018）『飲酒や喫煙等の実態調査と生活習慣病予防のための減酒の効果的な介入方法の開発に関する研究 平成29年度報告書』厚生労働省.

Renee M. Tobin・Alvin E. House 高橋祥友（監訳）・高橋昌・柚木紀子（訳）『学校関係者のための DSM-5』（Renee M. Tobin・Alvin E. House 2016 *DSM-5 Diagnosis in the Schools.* The Guilford Press）

Riittakerttu Kaltiala-Heino, Matti Rimpelä, Mauri Marttunen, Arja Rimpelä and Päivi Rantanen. Bullying, Depression, and Suicidal Ideation in Finnish Adolescents: School Survey. (1999). *British Medical Journal*, 319.

竹内珠美（2001）「学校での事例実践の特徴と理解・見立ての重要さについて」『心理臨床事例研究第 3 号』兵庫教育大学心理臨床研究会.

戸田有一（2013）「欧州諸国におけるいじめ・ネットいじめ問題と対策の展開」教育と医学の会『教育と医学』725. 慶応義塾大学出版会.

World Health Organization（WHO）「Gaming disorder」『Frequently Asked Questions』（2023年 8 月30日閲覧）

https://www.who.int/standards/classifications/frequently-asked-questions/gaming-disorder#What%20Is%20Gaming%20Disorder?

安井一郎（2020）「総論：特別活動の新しい可能性と課題——特別活動の本質とは何かを今改めて問い直す」『日本特別活動学会紀要』26, 日本特別活動学会.

# 第 5 章

# キャリア教育

　教育は何のためにあるのか。それを問い，教育が本来目指していたものを取り戻そうとする教育がキャリア教育である。その意味でキャリア教育は特別の教育であったり，確定した教育であるというよりも運動であると捉えることもできる。

　キャリア教育は1990年代以降その重要性が指摘されるようになり，学習指導要領においてもその必要性が強調されてきた。2011年にはキャリア教育に関する報告書「学校が社会と協働して一日も早くすべての児童生徒に充実したキャリア教育を行うために」（2011年12月9日）が作成され，2017年告示の学習指導要領では，総則にキャリア教育の充実を図ることが示された。

　キャリア教育は学習指導要領にどのように示され，またなぜ近年，その重要性が指摘されるようになったのか。本章ではキャリア教育の内容とともに背後にある社会の変化や学校教育が直面している課題について検討を進めていく。

## 1　学習指導要領におけるキャリア教育の位置づけ

### 1. 総則における位置づけ

　これまでの学校教育においてもキャリア教育の重要性が指摘されてきたが，今次の学習指導要領ではキャリア教育の充実が総則に示されることになった。ここではまず校種毎に学習指導要領総則におけるキャリア教育の記述を確認する。

## 【小学校】
第1章（総則）第4の1の(3)

> 　児童が，学ぶことと自己の将来とのつながりを見通しながら，社会的・職業的自立に向けて必要な基盤となる資質・能力を身に付けていくことかができるよう，特別活動を要としつつ各教科等の特質に応じて，キャリア教育の充実を図ること。

## 【中学校】
第1章（総則）第4の1の(3)

> 　生徒が，学ぶことと自己の将来とのつながりを見通しながら，社会的・職業的自立に向けて必要な基盤となる資質・能力を身に付けていくことができるよう，特別活動を要としつつ各教科等の特質に応じて，キャリア教育の充実を図ること。その中で，生徒が自らの生き方を考え主体的に進路を選択することができるよう，学校の教育活動全体を通じ，組織的かつ計画的な進路指導を行うこと。

## 【高等学校】
第1章（総則）第5の1の(3)

> 　生徒が，学ぶことと自己の将来とのつながりを見通しながら，社会的・職業的自立に向けて必要な基盤となる資質・能力を身に付けていくことができるよう，特別活動を要としつつ各教科・科目等の特質に応じて，キャリア教育の充実を図ること。その中で，生徒が自己の在り方生き方を考え主体的に進路を選択することができるよう，学校の教育活動全体を通じ，組織的かつ計画的な進路指導を行うこと。

　総則は各学校種の学習指導要領の冒頭に示されるもので，教育課程の編成，実施について各教科等にわたる通則的事項（小学校・中学校），共通的事項（高校）を規定するものとされる（中央教育審議会 2016：5-7）。学習指導要領全体わたって適用される規定であり，キャリア教育の充実が総則に位置づけられたことは，学校の教育活動全体を射程としてキャリア教育が行われることを宣言したものということができる。

　また，すべての校種で「学ぶことと自己の将来とのつながりを見通しなが

ら」と述べられていることから，小学校，中学校，高等学校の連関や連携を視野に入れ，それぞれの校種においてキャリア教育を展開する必要がある。小学校では中学校，高等学校での教育を視野に入れてキャリア教育を計画，実施する必要があり，高等学校では小学校からのキャリア発達に関わる累積を踏まえる必要がある。

　次に総則の記述を目的と方法から整理する。

　キャリア教育の充実を図るために小学校・中学校・高等学校共通の事項として示されたのが次の2点である。

　　① 目的として「社会的・職業的自立に向けて必要な基盤となる資質・能力」を育成すること。

　　② 方法として「特別活動を要」とすること，また「各教科の特質」に応じること。さらに「児童・生徒が学ぶことと自己の将来とのつながりを見通し」ながら身につけていくこと。

　中学校・高等学校ではこれらの加えて，次の2点が示されている。

　　③ 目的として「生徒が自己の在り方生き方を考え主体的に進路を選択」できるようにすること。

　　④ 方法として「学校の教育活動全体を通じて組織的かつ計画的に進路指導を行う」こと

　これら四つの事項がキャリア教育の充実のための鍵になる。それぞれの鍵を履行するためには，示された事項の意味内容を吟味していく必要がある。たとえば目的の「社会的・職業的自立」とはいかなる状態になることをいうのか。そのために「必要な基盤となる資質・能力」とはいかなるものであるか等を検討していく必要がある。それらについては後段で述べる。


## 2. 特別活動におけるキャリア教育の位置づけ

　次に各学校でのキャリア教育を具現化するための「要」とされた特別活動の記述を確認するとともに，そこに示された要点を目的，方法（手段），活動から整理していくことにする。

【小学校　第6章（特別活動）第2（学級活動）の2の(3)】

> (3) 一人一人のキャリア形成と自己実現
> ア　現在や将来に希望や目標をもって生きる意欲や態度の形成
> 　　学級や学校での生活づくりに主体的に関わり，自己を生かそうとするとともに，希望や目標をもち，その実現に向けて日常の生活をよりよくしようとすること。
> イ　社会参画意識の醸成や働くことの意義の理解
> 　　清掃などの当番活動や係活動等の自己の役割を自覚して協働することの意義を理解し，社会の一員として役割を果たすために必要となることについて主体的に考えて行動すること。
> ウ　主体的な学習態度の形成と学校図書館等の活用
> 　　学ぶことの意義や現在及び将来の学習と自己実現とのつながりを考えたり，自主的に学習する場としての学校図書館等を活用したりしながら，学習の見通しを立て，振り返ること。

　アでは，「現在や将来に希望や目標をもって生きる意欲や態度の形成する」ことを目的とし，そのための方法として，① 学級や学校での生活づくりに主体的に関わり，自己を生かすこと，② 希望や目標をもって日常の生活をよりよくしようとすること，が示されている。イでは「社会参画意識の醸成や働くことの意義の理解」を目的とし，そのための方法として，① 当番活動や係活動等を通して自己の役割を自覚して協働することの意義を理解すること，② 社会の一員として役割を果たすために必要となることについて主体的に考えること，が示されている。ウでは「主体的な学習態度の形成と学校図書館等の活用」を目的として，そのための方法として「学習の見通しを立て，振り返ること」を求めている。その際に，学ぶことの意義や学習と自己実現とのつながりを考えたり，図書館を活用したりすることが示されている。

　これからの記述から，小学校のキャリア教育において学校現場に求められる学級活動は以下の5点に整理することができる。

　　① 自己を生かすことができるような学級や学校での生活づくりを企図すること
　　② 希望や目標をもって日常生活を送ることができるように配慮すること

③ 自己の役割を自覚したり協働したりすることができるような当番活動
　等を企図すること
④ 社会の一員としての役割について主体的に考える場を設けること
⑤ 図書館を活用させるなどして，学習の意義や自己実現とのつながりに
　気付かせること

【中学校　第5章（特別活動）第2（学級活動）の2の(3)】

> (3)　一人一人のキャリア形成と自己実現
> ア　社会生活，職業生活との接続を踏まえた主体的な学習態度の形成と学校図書館
> 　等の活用
> 　　現在及び将来の学習と自己実現とのつながりを考えたり，自主的に学習する場
> 　としての学校図書館等を活用したりしながら，学ぶことと働くことの意義を意識
> 　して学習の見通しを立て，振り返ること。
> イ　社会参画意識の醸成や勤労観・職業観の形成
> 　　社会の一員としての自覚や責任をもち，社会生活を営む上で必要なマナーや
> 　ルール，働くことや社会に貢献することについて考えて行動すること。
> ウ　主体的な進路の選択と将来設計
> 　　目標をもって，生き方や進路に関する適切な情報を収集・整理し，自己の個性
> 　や興味・関心と照らして考えること。

　アでは「社会生活，職業生活との接続を踏まえた主体的な学習態度の形成と
校図書館等の活用」を目的とし，そのための方法として「学習の見通しを立て，
振り返ること」が示された。その際に学ぶことの意義や学習と自己実現とのつ
ながりを考えたり，図書館等を活用したりすることが求められている。イでは
「社会参画意識の醸成や勤労観・職業観の形成」を目的として，①社会の一員
としての自覚や責任をもつこと，②社会生活を営む上で必要なマナーやルー
ル，働くことや社会に貢献することについて考えて行動することを求めている。
ウでは「主体的な進路の選択と将来設計」を目的として，目標をもって，生き
方や進路に関する適切な情報を収集・整理し，自己の個性や興味・関心と照ら
して考えることを求めている。

これからの記述から，中学校のキャリア教育において学校現場に求められる学級活動は以下の5点に整理することができる。

① 図書館等を活用するなどして学ぶことの意義や学習と自己実現とのつながりを考えることができるような学習を組織すること
② 社会の一員としての自覚や責任をもつことを考える場を設けること
③ マナーやルール，働くことや社会に貢献することについて考えて行動することができるような活動を取り入れること
④ 目標をもたせ，生き方や進路に関する適切な情報を収集・整理する機会や活動を取り入れること
⑤ 自己の個性や興味・関心と照らして考えることができるような場を設けること

**【高等学校　第5章（特別活動）第2（ホームルーム活動）の2の(3)】**

(3)　一人一人のキャリア形成と自己実現
ア　学校生活と社会的・職業的自立の意義の理解
　　現在及び将来の生活や学習と自己実現とのつながりを考えたり，社会的・職業的自立の意義を意識したりしながら，学習の見通しを立て，振り返ること。
イ　主体的な学習態度の確立と学校図書館等の活用
　　自主的に学習する場としての学校図書館等を活用し，自分にふさわしい学習方法や学習習慣を身に付けること。
ウ　社会参画意識の醸成や勤労観・職業観の形成
　　社会の一員としての自覚や責任をもち，社会生活を営む上で必要なマナーやルール，働くことや社会に貢献することについて考えて行動すること。
エ　主体的な進路の選択決定と将来設計
　　適性やキャリア形成などを踏まえた教科・科目を選択することなどについて，目標をもって，在り方生き方や進路に関する適切な情報を収集・整理し，自己の個性や興味・関心と照らして考えること。

　アでは「学校生活と社会的・職業的自立の意義の理解」を目的として，「学習の見通しを立て，振り返ること」とされ，その際に学ぶことの意義や学習と

自己実現とのつながりを考えたり，社会的・職業的自立の意義を意識したりすることが示されている。イでは「主体的な学習態度の確立と学校図書館等の活用」を目的として，学校図書館等を活用して自分にふさわしい学習方法や学習習慣を身に付けることを求めている。ウでは「社会参画意識の醸成や勤労観・職業観の形成」を目的として，① 社会の一員としての自覚や責任をもつこと，② 社会生活を営む上で必要なマナーやルール，働くことや社会に貢献することについて考えて行動することが示されている。エでは「主体的な進路の選択決定と将来設計」を目的として，適性にあった教科・科目の選択や，目標をもって，生き方や進路に関する適切な情報を収集・整理し，自己の個性や興味・関心と照らして考えることを求めている。

　これからの記述から，高等学校のキャリア教育において学校現場に求められるホームルーム活動は以下の5点に整理することができる。

　　① 学習の見通しを立て，振り返ることができるような場や機会を設けること。その際に生活や学習と自己実現とのつながりを考えさせたり，社会的・職業的自立の意義を意識させたりすること
　　② 自分にふさわしい学習方法や学習習慣を身に付けさせること
　　③ マナーやルール，働くことや社会に貢献することについて考えて行動することができるような活動を取り入れること
　　④ 目標をもたせ，生き方や進路に関する適切な情報を収集・整理する機会や活動を取り入れること
　　⑤ 自己の個性や興味・関心と照らして考えることができるような場を設けること


## 3. 前学習指導要領からの変化とその理由

　前述したように，今次の学習指導要領ではキャリア教育の充実をそれぞれの学校の教育課程全体で行うことが総則に明示され，それを実践するための中核の時間として小中高のすべての校種の特別活動に「一人一人のキャリア形成と自己実現」の項目が設けられ，キャリア教育がより重視されることになった。「キャリア教育」という文言は，これまで小学校ならびに中学校の学習指導要

領にはなかったものである。たとえば，前回の小学校学習指導要領では「自ら
の将来について考えたりする機会を設けるなど工夫すること」との記述であっ
たものから，「社会的・職業的自立に向けて必要な基盤となる資質・能力を身
に付けていくことができるよう，特別活動を要としつつ各教科等の特質に応じ
て，キャリア教育の充実を図ること」と明記されるようになった。このような
従前の学習指導要領から今次の学習指導要領におけるキャリア教育の位置づけ
の変化はこれまでのキャリア教育の実践上の課題を反映したものである。

　今次の学習指導要領改訂の基盤に位置づけられた答申が中央教育審議会によ
る「今後の学校におけるキャリア教育・職業教育の在り方について（答申）」
（平成23年1月，以下「キャリア教育在り方答申」とする）である（中央教育審議会
2011：18）。

> キャリア教育の必要性や意義の理解は，学校教育の中で高まってきており，実際の
> 成果も徐々に上がっている。しかしながら，「新しい教育活動を指すものではない」
> としてきたことにより，従来の教育活動のままでよいと誤解されたり，「体験活動
> が重要」という側面のみをとらえて，職場体験活動の実施をもってキャリア教育を
> 行ったものとみなしたりする傾向が指摘されるなど，一人一人の教員の受け止め方
> や実践の内容・水準には，ばらつきのあることも課題としてうかがえる。

　また「新学習指導要領におけるキャリア教育の推進」（文科省）には次の4点
が課題として示された（文部科学省，国立政策研究所 2018：5）。

> ・職場体験活動のみをもってキャリア教育を行ったものとしているのではないか
> ・社会への接続を考慮せず，次の学校段階への進学のみを見据えた指導を行ってい
> 　るのではないか
> ・職業を通じて未来の社会を作り上げていくという視点に乏しく，特定の既存組織
> 　のこれまでの在り方を前提に指導が行われているのではないか
> ・将来の夢を描くことがかりに力点が置かれ，「働くこと」の現実や必要な資質・
> 　能力の育成につなげていく指導が軽視されていたりするのではないか

　これらの指摘は次のように整理できよう。

第一にキャリア教育としての教育を確実に行うということである。これまでは「新しい教育活動を指すものではない」とされたことから何もしなくてもよいと捉えられ，学校現場では一部の教員による年間指導計画の書類作成に留まっていたという現実があった。第二に従前から行われている出口指導としての進路指導に加え，ほとんどの中学校で職場体験活動が行われるようになったことでキャリア教育を行っているものと捉えていたという傾向がみられたのである。「何のためにキャリア教育を行うのか」という理解が現場に浸透されていなかったのである。今次の学習指導要領においてその取組は強化されることになったが，それが実を結ぶためには学校現場のキャリア教育の必要性への納得と理解が求められるところである。

## *2* キャリア教育の展開

　ここでは学校現場でのキャリア教育展開の方途について文部科学省が発行している「キャリア教育のための手引き」を手掛かりに検討していきたい。同手引きによれば以下がその推進に必要な手順とされている（文部科学省 2011：33）。

---

学校におけるキャリア教育推進の手順例
(1) キャリア教育の視点を踏まえ，育てたい児童像を明確にする
(2) 学校の教育目標，教育方針等にキャリア教育を位置付ける
(3) キャリア教育推進委員会（仮称）を設置する
(4) 教職員のキャリア教育についての共通理解を図る（校内研修）
(5) キャリア教育の視点で教育課程を見直し，改善する
(6) キャリア教育を実践する
(7) 家庭，地域に対しキャリア教育に関する啓発を図る
(8) キャリア教育の評価を行い，その改善を図る

---

　先に述べたようにキャリア教育が十分に効果をあげてこなかった大きな理由の一つは，担当を一部の教員に任せ，一人一人の教員がその必要性を感得できてこなかったことである。そこで筆者は，示された第一段階の「(1) キャリア

教育の視点を踏まえ，育てたい児童像を明確にする」に先立ってキャリア教育
推進のための「キャリア教育検討委員会」等を暫定的な機関として立ち上げる
ことを推奨したい。委員会は管理職の指示によって立ち上げられることが一般
的であるが，「検討委員会」ではできるだけ個々の教員の自律性が担保される
ような配慮が必要である。「検討委員会」の討議に基づいて「推進委員会」の
構成や形態を決めていくことで参加者の自律性が担保され，結果として全員の
教員がキャリア教育の重要性を理解し，一人一人が実践者となるために有益で
あると考えられるからである。

　検討委員会が主宰し教員全員で手順例にある「(1)キャリア教育の視点を踏
まえ，育てたい児童像を明確にする」の検討に入る。そこでは以下の内容を自
由に討議するとよい。

> 「今この時代に社会人・職業人として生きていくためにはどのような力が必要だろ
> うか？」（子どもに限定しなくてもよい）
> 「自分の道を自分らしく生きていくのためにはどのような資質が必要だろうか？」
> （子どもに限定しなくてもよい）
> それを実現するために
> 「これまで行ってきた教育活動で該当するものは？」
> 「これまで行ってきた教育活動のマイナーチェンジしたいこと」
> 「新たに取り入れたい教育活動」

　ここでは「育てたい児童像」を中心に自由に発言することやオープンエンド
に討議することが重要である。できるだけ全教員で実施したい。この段階では
学習指導要領の文言や答申などにとらわれる必要はない。忙しい学校現場でこ
のような時間を確保することは容易ではないが，キャリア教育を単なる計画の
作文に終わらせず，全員の意識のもとに展開するために最も重要なプロセスで
あるといえる。

　次に手順2にある「(2)学校の教育目標，教育方針等にキャリア教育を位置付
ける」の検討に入ることになるが，ここでもあくまでもドラフト（構想イメー
ジ）に留めることになる。以下のようなワークシートを作成し，それへの記入

表 5-1　ワークシート

| 学校教育目標 | | |
|---|---|---|
| 保護者の実態 | 目指す児童像 | |
| 地域との交流状況 | 各学年の重点項目 | |
| 児童の実態 | 目指す教師像 | |

を行いながら分掌や学年ごとにグループを組み，全員で検討する（表5-1）。

　次の段階で3番目のプロセス「(3)キャリア教育推進委員会（仮称）を設置する」に入る。「検討委員会」がそのまま「推進委員会」へと移行することもできるが，キャリア教育を実際に推進する新たな組織として再構成していきたい。

　第4段階以降については文部科学省や国立教育政策研究所より手順や実践モデルなど豊富な資料が提供されていることから本書では省略する。それらの諸資料を参照されたい（「小学校キャリア教育の手引き（改訂版）」等）。

## 3　キャリア教育の定義とその内容

　キャリア教育は「一人一人の社会的・職業的自立に向け，必要な基盤となる能力や態度を育てることを通して，キャリア発達を促す教育」（「キャリア教育在り方答申」）と定義されている（中央教育審議会 2011：16）。そこでキャリア教育を理解するためには，①社会的・職業的自立ならびにそれに必要な能力や態度とはいかなるものか，②キャリア発達を促す教育とは何であるのか，を明らかにしなければならない。その際に重要な点はキャリア教育の目的は「キャリア発達を促す教育」で，そのための手段として「社会的・職業的自立に必要な態度や能力の育成」が求められていることである。そこでまずキャリア発達について確認しておきたい。

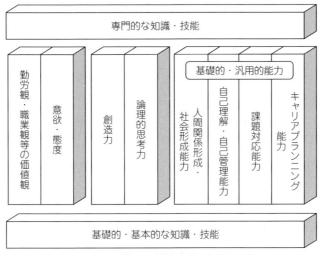

専門的な知識・技能

基礎的・汎用的能力

勤労観・職業観等の価値観

意欲・態度

創造力

論理的思考力

人間関係形成・社会形成能力

自己理解・自己管理能力

課題対応能力

キャリアプランニング能力

基礎的・基本的な知識・技能

**図 5-1　社会的・職業的自立に必要な要素**
出所：中央教育審議会（2011：27）.

　キャリア教育の目的であるキャリア発達について「キャリア教育在り方答申」は「社会の中で自分の役割を果たしながら，自分らしい生き方を探索していく過程」であるとしている（中央教育審議会 2011：17）。人は家庭や社会の様々な集団の中で役割を果たしている。それは生涯にわたって続くものであるといえよう。小学生であればその社会的役割として広義には，学び，遊び，身体を鍛え，健全に発達していくことがキャリア発達であり，狭義には家庭で手伝いをしたり，学校で集団での生活での役割を果てしていくことがキャリア発達に必要な活動となろう。人はこうした役割を果たす過程で自然に「自分らしい生き方」を模索していくものとの考えられるが，教育としてキャリア発達を促そうとしたとき，意図的・計画的活動としてキャリア発達の機会や過程を設定することになる。つまり意図的な教育としてのキャリア教育では「役割を果たす」機会を意図的に設定したり，「自分らしい生き方を模索」することができる機会を提供することである。
　次に社会的自立ならびに職業的自立について確認する。社会的自立とは庇護や擁護から自立して生活し，徐々に人の自立を手助けしていけるようになるこ

とである。そこでその第一段階としては，親の保護から離れて自ら日常の生活を送れるようになることである。それは身の回りのことを親や他者の手を借りずに行うことができるといった意味での自立とともに，社会の構成員としての権利や責任の自覚していくことである。第二段階としての社会的自立は職を得て経済的な面で独立していくことや家族において主要な役割を果たしていくことなどである。さらに第三段階としては第二段階に立脚する形で自らを磨き，社会へ貢献していく段階とであるといえる。職業的自立は社会的自立のうち特に第二段階に包摂されているものということもできるが，学校教育が目指すキャリア教育は一人前の職業人として自立させて社会に送り出すことが大きな役割であり，その意味で職業的自立に向けての態度形成とそのための資質や能力の育成は学校が行う教育としての目標になるのである。

「キャリア教育在り方答申」は具体的な社会的・職業的自立に必要な要素として以下を挙げている。

① 基礎的・基本的な知識・技能

　教科を中心とした教育活動を通して中核的に修得されるべきもの

② 基礎的・汎用的な能力

　キャリア教育がその中心として育成すべき能力。様々な教育活動を通して育成するもの

③ 論理的思考力，創造力

　基礎的・基本的な知識・技能や専門的な知識・技能の育成と相互に関連させながら育成するもの

④ 意欲・態度

　児童生徒一人一人が様々な学習経験等を通じて個人の中で時間をかけて自ら形成・確立するもの

⑤ 勤労観・職業観等の価値観

　児童生徒一人一人が様々な学習経験等を通じて個人の中で時間をかけて自ら形成・確立するもの

⑥ 専門的な知識・技能

　職業教育を中核として育成するもの

　これらの要素をすべて獲得することは必ずしも容易ではなく，生涯にわたって獲得を目指していくものということもできる。学校教育においては高等学校や大学卒業時を一つのメルクマールとして，小学校段階からこれらを念頭においたキャリア教育の計画立案が求められよう。上述の要素のうち，とりわけキャリア教育の中核とされるのが「2　基礎的・汎用的能力」である。

　基礎的・汎用的能力は分野や職種にかかわらず，社会的・職業的に自立するために必要な基盤となる能力と整理されており，各項目は具体的に以下のように説明されている（中央教育審議会 2011：25-26）。

　① 人間関係形成・社会形成能力

　　多様な他者の考えや立場を理解し，相手の意見を聴いて自分の考えを正確に伝えることができるとともに，自分の置かれている状況を受け止め，役割を果たしつつ他者と協力・協働して社会に参画し，今後の社会を積極的に形成することができる力である。

　② 自己理解・自己管理能力

　　自分が「できること」「意義を感じること」「したいこと」について，社会との相互関係を保ちつつ，今後の自分自身の可能性を含めた肯定的な理解に基づき主体的に行動すると同時に，自らの思考や感情を律し，かつ，今後の成長のために進んで学ぼうとする力である。

　③ 課題対応能力

　　仕事をする上での様々な課題を発見・分析し，適切な計画を立ててその課題を処理し，解決することができる力である。

　④ キャリアプランニング能力

　　「働くこと」の意義を理解し，自らが果たすべき様々な立場や役割との関連を踏まえて「働くこと」を位置づけ，多様な生き方に関する様々な情報を適切に取捨選択・活用しながら，自ら主体的に判断してキャリアを形成していく力である。

　学齢によってこれらは系統的に身に付けていくものであり，「キャリア教育在り方答申」に基づいて文部科学省が作成した資料では小学校は「社会的・職業的自立にかかる基盤形成の時期」，中学校は「現実的探索と暫定的選択の時

期」，高等学校「現実的探索・試行と社会的移行準備の時期」と位置づけられている（中央教育審議会 2012：7）。上記四つの要素ならびに小学校，中学校，高等学校の系統性は概要以下のようなイメージで捉えられるものと筆者は考えている。

図5-2　基礎的・汎用的能力の系統性

　小学校は「人間関係形成・社会形成能力」の土台づくりを行う時期であり，それは学校での集団生活で身に付けていくことになる。中学校や高等学校においてもこれらの能力を身に付けていくことが引き続き重要であるが，そこでは学校内の人間関係だけではなく，学校外での体験やプロジェクトなどを通してより広範な人間関係形成・社会形成能力身に付けていくことになる。「自己理解・自己管理能力」は自己が確立されていく小学校高学年から中学校にかけて重要になる。「自己理解・自己管理能力」も「人間関係形成・社会形成能力」同様に他者との関係性を通して育まれ，構築されるものである。年齢とともに関係性は広がり，他者との関わりを通して他者との違いや自らの特徴を知り，社会での自己の在り方や生かし方を模索していくことになる。そこではキャリア発達に有益となる豊かな関係性をもった環境の提供が重要になろう。

　「課題対応能力」は中学生の段階から意図的に教育機会として提供される必要がある。与えられた課題をこなすだけではなく，自ら課題を発見したり，設定したりするような学習が求められる。

　「キャリアプランニング能力」は中学校後半から高等学校にかけて重要になる。職業的な見通しを主として，自らの将来を模索したり，将来を仮決めするなどして，その実現に必要な方途を見出していく。

　こうしたキャリア教育の中核となる「基礎的・汎用的能力」をそれぞれの校種，またそれぞれの学校の児童生徒の特質に適合した計画を作成していくこと

が求められているのである。

## 4　キャリア教育の評価

　キャリア教育の評価は，プログラムやカリキュラムの有効性についての評価と児童生徒の変容に関する評価の二つに大別される。

　プログラム評価は，各校におけるキャリア教育の目標ならびにそれに基づいて設定された育成すべき態度や能力が適切であったかどうかを評価し，プログラムやカリキュラムの改善につなげていくものである。目標やそれに基づいた項目の適切性は多くの場合，児童生徒の変容によって捉えることができよう。

　キャリア発達における児童生徒の変容や成長を捉えることは容易ではないが，教師による評価以上に児童生徒が自分自身を捉える，すなわち変容を看取ったり，振り返ったりする自己評価の機会を設けることが重要である。客観的に捉える方法としては，定量的評価としてのアンケートや各種の適性検査などを挙げることができる。

　児童生徒が自身の変容や成長をメタ認知するための機会としては，ポートフォリオの作成が有効である。ポートフォリオの具体的な内容物としてはキャリア発達に関わるレポートや作文，ワークシート，調査や検査の結果，職業体験などの記録等が考えられる。ポートフォリオを日常的に作成させ，それを累積させることを通して自分らしい生き方を模索させていきたい。また，ポートフォリオを補完したり，自分の特性や良さを自覚する機会としての面談も有効である。ポートフォリオを用いながら過去の取組を振り返らせ，将来への展望をもたせたりして自分らしい生き方を模索させる機会とさせることができる。

　今次の学習指導要領ではキャリア発達の蓄積を校種間で連関，連携していくことが重視されている。そこで提案されたのが児童生徒一人一人が自らの学習状況やキャリア形成を見通したり，振り返ったりすることができるようにするためのキャリア・パスポート作成の取組である（中央教育審議会 2016：56，106）。キャリア・パスポートは小・中・高等学校を通底し，学校の教育活動全体を通じたキャリア教育の充実を図るために有益な取組であるが，その普及と定着の

ためには今後，校種間の連携やデータ化による蓄積をどのように行うかが課題となってこよう。

## 5  キャリア教育が求められる背景

本節ではキャリア教育が求められる背景についていくつかの視座から検討する。

### 1. 雇用形態の多様化と若者の意識の変化

1990年代以降の社会の変化の過程で，終身雇用制や年功序列の雇用制度は崩壊しつつある。企業は人事制度や人材育成のあり方を変え，社員には自らの責任でスキルを磨きながらキャリアを積んでいく「キャリアの自律」を求めるようになった。その結果，雇用形態も正規従業員の他に契約社員や派遣社員，パートなど様々な雇用形態が見られるようになり，企業は中途採用を積極的に行い，即戦力のある人材を求めるようになった。さらに AI（人工知能）の発達，ロボット化の進展によって，これまであった多くの仕事が今後なくなるものともいわれている。

こうした社会の変化に呼応する形で若者の職業観にも変化をきたしてきた。内閣府が行った15歳から29歳までの3000名の若者を対象にした調査によると，半数以上が「働くこと」への不安を抱いており，「学生」層では「きちんと仕事ができるか」「そもそも就職できるか，仕事を続けられるか」との質問に8割以上が不安であると回答している（内閣府 2011：19）。高等学校や大学卒業後に正規従業員とならずパートタイムでの雇用（フリーター）という労働形態を選択したり，ニートと呼ばれ，無職でありながら就職活動や就職準備（職業訓練）を行っていない若者の存在も社会問題とされるようになった。さらに最近では長時間労働・低賃金などの劣悪な労働条件を強いるブラック企業の実態が様々な形で問題視されるようになり，以前にも増して若者が働くことへの忌避感をもつ傾向もみられるようになった。こうした時代状況において，職業を通してどのように自己実現を果たすか，またそれに向けての職業観や勤労観を育

むかが大きな課題となったのである。ここにキャリア教育の充実や重要性が求められるようになった背景の一端がある。

## 2. 社会の構造的な変化

　上述したように社会の変化にともなって雇用・労働形態が多様化，流動化し，職業人に求められる能力もこれまでとは異なってきた。フリーターなど，学校から社会・職業への移行が困難になっている原因について「キャリア教育在り方答申」では「学校教育の抱える問題にとどまらず，社会全体を通じた構造的な問題があると考えられる」と述べている（中央教育審議会 2012：7）。

　構造的な変化としてまず挙げられるのがグローバル化の進展である。グローバル社会とは，国家や地域という境界を越えて地球規模で複数の社会とその構成要素の間での結びつきが強くなった社会であり，ヒト，モノ，カネが国境を越えて移動し，企業の世界的な規模での競争が行われるようになった社会をいう。そこでは新たな発想や技術に触れる機会が増え，それが技術革新につながり，画期的な商品やサービスが生まれやすくなる。グローバル社会，グローバル経済ではマーケットは世界に広がり，日本製品やサービス，飲食店が世界の至る所で見られるようにもなった。一方で価格の安い商品やより優れた商品が出回ることになり，企業間の競争が激しくなる。労働環境も大きく変容し，企業は優秀な人材を国境を越えて確保するようになった。また働く側もよりよい労働環境を求め優秀な人材が海外に流出することになった。労働市場の国際競争化は，「勝ち組，負け組」を容易に生み出し，貧富の差や賃金の低下も同時に招きやすくなった。

　また，今日，新自由主義といわれる社会観は多くの国で共通のものとなっている。新自由主義とは規制を撤廃し，自由な競争を促進し，個人や企業などがもつそれぞれの力を発揮させようとするものである。公正な競争が担保されていれば，より努力した企業や個人が報われることになり，怠惰な企業や個人は取り残されることになる。1970年代後半以降，この新自由主義に基づいた政策が推し進められ，政治運営や経済政策，企業活動等々，社会全体のあり方や価値観がこの考え方によって支配される傾向が急速に強まった。競争には怠惰を

防ぎ，社会をより進展されるという便益があることは間違いない。一方で社会は弱肉強食となり，強い者がより強くなり，弱いものが淘汰されることになる。公正な条件下での競争が確保されている限りは，敗者となったり，淘汰されたりすることは自己責任である。

　こうした急激に変わる時代状況を受け，学校教育においてもそれに対応することができる力量の育成が要請されるようになった。それは前回の学習指導要領改定の際にも強調されたところである。前回学習指導要領は改訂の際の考え方として「21世紀は，新しい知識・情報・技術が政治・経済・文化をはじめ社会のあらゆる領域での活動の基盤として飛躍的に重要性を増す，いわゆる『知識基盤社会』」の時代であることが示された。知識基盤社会ではイノベーションを絶え間なく創造できる人材育成が急務となる。これまでのように流れに乗るための教育では十分ではなく，流れをつくっていく力が求められるようになったのである。社会に送り出す責任を担う学校教育においても，新しい知識・情報・技術を常に生み出すことができる力の育成が要請され，それはキャリア教育の一環として据えられるようになったのである。

## 6　教師のキャリア形成

　最後に教員のキャリア形成の重要性について触れておきたい。児童生徒のキャリア発達において重要な役割を果たすのが教師である。教師はしばしば児童生徒のロールモデルともなる。それは職業人としての教師でもあり，また社会人としての生き方のモデルでもある。教師の影響で自ら教師を目指す児童生徒も少なくないだろう。

　児童生徒のキャリア発達に携わる教師には，第一に今日求められている資質を教師自身も身に付けるよう努力をしていくことが求められよう。一般企業と異なり，教師の仕事は国際的な競争にさらされる環境にはない。しかし，教師自身も与えられ仕事をこなすだけではなく，専門職として積極的に課題を見つけ，それを仲間と解決していくような姿勢が求められる。その意味では総合的な学習や探究活動などをカリキュラム化したり指導したりすることができる力

量は今度さらに重要になってこよう。

　第二に教師自身が自らのキャリア形成に主体的に向かっていくことである。教育公務員や教育職は，一般企業と比べると職階や職種は必ずしも多くない。教諭を中核に校長，副校長等の管理職，指導主事等の行政職があるが，多くは教師という職種の範疇でそのキャリアを継続することになる。教員になって最初の10年程度は様々な分掌や担任としての役割を担いながら教師としての力量を磨いていく時期である。日々の授業や保護者対応，行事等最初の1〜3年程度は次に何が起こるかもわからず，その場その場で「仕事に追われる」という状況が続くのではないだろうか。それらを必死でこなしていく段階である。若い頃のキャリア形成が「筏下り」に喩えられる所以である。やがて教師としての一通りの経験をして，必要な力量を身に付けていく「山登り」のキャリア形成の段階に徐々に進むことになる。自らが目標を設定し，それに向かって進んでいく段階である。「筏下り」が基礎力を身に付けていくのに対し，「山登り」は専門性を身に付けていく段階であり，授業や校務等の業務において成りたい自分を設定し，それを具現化するための方略を立て，行動していく段階である。職層についても現場のプロパーになるか，行政を目指すのか，管理職を目指すのかなどについても仮決めをしてそれに向かって進んでいく時期である。次の目標を見出すために大学院で学ぶことなども一つの選択肢である。

　第三に生き方のロールモデルとなることである。教師が新たな知識や発想を身に付けていったり，自分自身のキャリア発達のために挑戦し，道を拓いていく姿は児童生徒に影響を与えることになる。児童生徒にも挑戦を促し，自らも挑戦し，共に成長していくことがキャリア教育には重要であり，それはキャリア発達が生涯にわたるものであるという具体的な姿ということもできるのである。

---

**　学習課題**

1. キャリア教育が求められるようになった時代背景について述べよ。
2. キャリア教育展開のためのポイントを三つ挙げ，それらについて説明せよ。

**引用・参考文献**

中央教育審議会（2011）「今後の学校におけるキャリア教育・職業教育の在り方（答申）」．

中央教育審議会（2012）「「社会的・職業的自立，社会・職業への円滑な移行に必要な力」について」．

中央教育審議会「総則・評価特別部会」（2016）「学習指導要領等の構成，総則の構成等に関する資料」．

中央教育審議会（2016）「幼稚園，小学校，中学校，高等学校及び特別支援学校の学習指導要領等の改善及び必要な方策等について（答申）」．

文部科学省，国立政策研究所（2018）「キャリア教育の推進」．

文部科学省（2011）「小学校キャリア教育の手引き（改訂版）」．

内閣府（2011）「若者の考え方についての調査」．

（宮崎　猛）

第6章

# 社会参加学習

　時代の進展とともに学校教育が提供する教育内容の系統化・専門化が進むことは避けて通ることができない。それによって学校が提供する学習は，学習者の学ぶ必要性や必然性から乖離していくことになる。学校教育の誕生以降，今日まで間断なく繰り返されてきた経験主義と系統主義との間の揺れや対立の背景である。近年，その重要性が強調されるキャリア教育は，学習を学習者の現在と将来に有益であるようにすること，また社会に貢献できる力量を身に付けさせようとすることをねらいとするものである。学びを本来あるべき姿に取り戻そうとする試みでもある。

　社会参加学習は，学校の学びを地域の参加と関連づけ，学びの意味や意義を児童生徒に感得させ，資するものにするための学習方法である。キャリア教育が目標とするところと社会参加学習のそれは軌を一にする。

　そこで本章では，学ぶことの意味や意義をどのように取り戻すか，学校の学習と現実社会をどのように連関させるか，といったキャリア教育の課題について社会参加学習を手がかりに追究していく。それらを実践的に考察することは，キャリア教育における学習指導要領上の要請でもある。その際，今日，各国に展開しているサービス・ラーニングといわれる社会参加学習の理念や方法論を参照していくことにする。

## 1　キャリア教育の必要性と社会参加学習の意義

今次の学習指導要領改定の経緯及び基本方針について，学習指導要領解説の

総則編では「予測困難な社会の変化に主体的に関わり，感性を豊かに働かせながら，どのような未来を創っていくのか，どのように社会や人生をよりよいものにしていくのかという目的を自ら考え，自らの可能性を発揮し，よりよい社会と幸福な人生の創り手となる力を身に付けられるようにすることが重要である」（文部科学省 2018）と述べられている。ここで強調されているのは「社会に主体的に関わること」「未来を創っていくこと」「社会と人生の創り手となる力」等であり，社会に主体的に関与し，その発展に寄与しつつ，自らの成長を図っていくような教育がより重要になってきたことが指摘されている。そのために教科等の学習指導においてキャリアの視点に基づき学ぶこと，主体的・対話的で深い学びを実現することなどが強調されることになった。

　その流れの中で，キャリア教育は学習指導要領の総則に位置づけられるに至った。これまでのキャリア教育の課題について，中央教育審議会の答申，「今後の学校におけるキャリア教育・職業教育の在り方について」では，「社会への接続を考慮せず，次の学校段階への進学のみを見据えた指導を行っているのではないか」「『働くこと』の現実や必要な資質・能力の育成につなげていく指導が軽視されていたりするのではないか」（中央教育審議会 2011：16）との課題を指摘した。それを受けて，今次の学習指導要領ではその総則において，「児童生徒が，学ぶことと自己の将来とのつながりを見通しながら，社会的・職業的自立に向けて必要な基盤となる資質・能力を身に付けていくことができるよう，特別活動を要としつつ各教科等の特質に応じて，キャリア教育の充実を図ること」（文部科学省 2018）と明記されることになったのである。

　社会参加学習は，地域（社会）の様々な活動や問題にその一員として関与することを伴う学習である。社会参加学習が求められる理由には，教室での学習の意義・意味を感得させることや市民性育成への要請がある。その背景には社会や国家が複雑化・強大化し，社会や地域の一員としてのアイデンティティや規範意識が希薄化したこと，また学校知と生活知が乖離したことなどを挙げることができる。社会参加学習は「生きる力」の育成の理念を根幹に据えた2001（平成13）年告示の学習指導要領において，体験的な学習や問題解決型学習とともにその重要性が提唱されるようになった。小学校では2001年度以降の学習指

導要領において，自然体験等が重点項目挙げられ，中学校においては職場体験，高等学校においては社会奉仕体験活動がその重点項目として挙げられた。今次の小学校学習指導要領では，特別活動の内容として，「社会参画意識の醸成や働くことの意義の理解」と「一人一人のキャリア形成と自己実現」が盛り込まれた。また中学校学習指導要領における特別の教科道徳で「社会参画，公共の精神；社会参画の意識と社会連帯の自覚を高め，公共の精神をもってよりよい社会の実現に努めること」が，同じく特別活動の内容として，「一人一人のキャリア形成と自己実現」「社会参画意識の醸成や勤労観・職業観の形成」などが盛り込まれ，「社会参加」からさらに一歩踏み込んだ「社会参画」が求められることになった。

　こうした社会への参加を伴った教育方法は諸外国においても重要であるとされ，米国を出自とするサービス・ラーニング（service learning）が初等教育から高等教育までの学校教育において幅広く取り入れられるようになった。サービス・ラーニングは地域への参画（コミュニティエンゲージメント）や地域での貢献活動（サービス）を学習（ラーニング）として構造化したり，教室内で行われる学校カリキュラムと連関させようとしたりする学習方法である。サービス・ラーニングは日本においても広がりを見せるようになってきている。

## *2* キャリア教育の視点における社会参加学習

### 1. 基礎的・汎用的能力と社会参加学習

　キャリア教育は「社会的・職業的自立に向け，必要な基盤となる能力や態度を育てることを通して，キャリア発達を促す教育」（中央教育審議会 2011：16）とされ，このうち「キャリア」とは「人が生涯の中で様々な役割を果たす過程で，自らの役割の価値や自分と役割との関係を見いだしていく連なりや積み重ね」と定義されている（中央教育審議会 2011：17）。そこで，キャリア教育では学校教育の様々な場面や機会に役割を果たすことができるような機会を設定するとともに，児童生徒が自分の役割の価値を見だし，その経験を積み重ねていくとができるような学習を組織する必要がある。

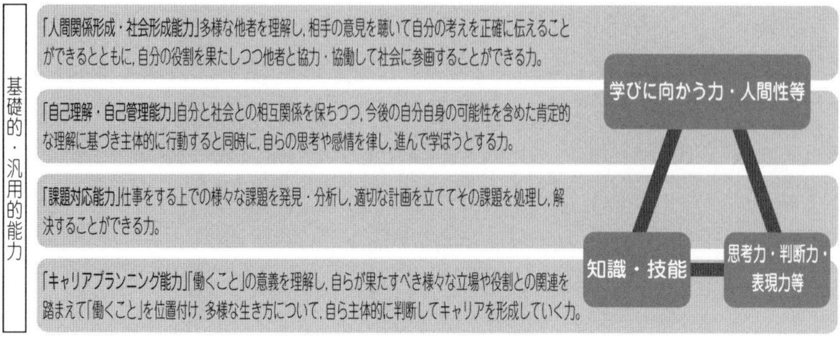

基礎的・汎用的能力

「人間関係形成・社会形成能力」多様な他者を理解し、相手の意見を聴いて自分の考えを正確に伝えることができるとともに、自分の役割を果たしつつ他者と協力・協働して社会に参画することができる力。

「自己理解・自己管理能力」自分と社会との相互関係を保ちつつ、今後の自分自身の可能性を含めた肯定的な理解に基づき主体的に行動すると同時に、自らの思考や感情を律し、進んで学ぼうとする力。

「課題対応能力」仕事をする上での様々な課題を発見・分析し、適切な計画を立ててその課題を処理し、解決することができる力。

「キャリアプランニング能力」「働くこと」の意義を理解し、自らが果たすべき様々な立場や役割との関連を踏まえて「働くこと」を位置付け、多様な生き方について、自ら主体的に判断してキャリアを形成していく力。

学びに向かう力・人間性等

知識・技能

思考力・判断力・表現力等

**図6-1　基礎的・汎用的能力**

出所：文部科学省（2018）発行資料「キャリア教育の推進」より.

　中央教育審議会はキャリア教育で育成すべき資質として基礎的・汎用的能力を示し、そこに四つの要素を挙げている（中央教育審議会 2011：22-27）。これら四つの要素は社会参加学習によってその育成を図ることができるものと考えられる。以下に基礎的・汎用的能力育成と社会参加学習の関わりについて述べる。

　「人間関係・社会形成能力」は「自分の役割を果たしつつ他者と協力・協働して社会に参画することができる力」であると説明されている。「社会に参画することができる力」は机上の学習で身に付けられるものではなく、他者と協力・協働しながら活動を行う過程で身に付けらえるものと考えられる。実際の社会で多様な人と関わる社会参加学習は「人間関係・社会形成能力」に有効である。

　「自己理解・自己管理能力」で示された自己理解や自己の可能性は、他者や社会との相互関係の中から学ぶものであり、またその相互関係から自分を律したり管理したりすることを学ぶことができる。社会参加学習では自分と社会との相互の関係を通して、社会でどのように自分が役に立つのかを試したり、判断したりするための役割を果たすことができる。その意味で「自己理解・自己管理能力」を獲得するための機会を提供することになる。

　「課題対応能力」は課題の発見、分析、解決のための計画、そしてその解決のための能力であると説明されている。社会参加学習の参加の側面には、単に地域で活動を行うというだけではなく、地域の課題を取り上げ、よりよく変革していくような参加や参画が必要とされている。社会参加学習は問題解決の構

*178*

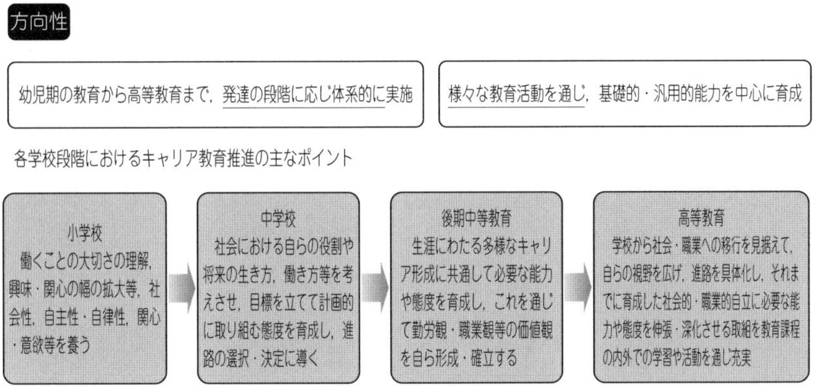

方向性

| 幼児期の教育から高等教育まで，発達の段階に応じ体系的に実施 | 様々な教育活動を通じ，基礎的・汎用的能力を中心に育成 |

各学校段階におけるキャリア教育推進の主なポイント

**図6-2 キャリア教育推進と社会参加学習**
出所：文部科学省（2018）発行資料「キャリア教育の推進」より．

造をもっており，「課題対応能力」を育む学習方法であるといえる。

「キャリアプランニング能力」は上記三つの能力に依拠しつつ，働くことを念頭に置き，それに必要な能力を身に付けるものと解することができる。キャリアプラン能力を育むためには多様な人との出会い，生き方に触れることが大切である。ロールモデルの存在なども重要になる。教室内の学習や活動だけでキャリアプランニング能力を育成することには限界がある。社会参加学習では現実社会での体験を通して，多様な生き方に触れさせることができる。それらの社会参加の体験を，振り返りなどを通して，キャリア形成に高める学習として組織することでキャリアプランニング能力を育むことができるようになる。

## 2. キャリア教育推進の方向性と社会参加学習

文部科学省発行資料「キャリア教育の推進」によれば，図6-2にあるようにキャリア教育は「発達段階に応じ体系的に実施」することや「様々な教育活動」を通して育成することが示されている。以下に各学校段階でキャリア教育を推進する上で，どのような社会参加学習が有効であるか検討する。

小学校：働くことの大切さの理解，興味・関心の幅の拡大等，社会性，自主性・自律性，関心意欲等を養う。

小学校段階では，学校外の社会への興味・関心を学齢の進行とともに拡大させていくことが重要である。小学校低学年〜中学年での社会参加学習は，学校そのものを社会として捉えるところからはじめたい。家庭や幼稚園・保育園から小学校への移行は，児童にとっては学校という大きな社会での生活が始まることを意味する。小学校低学年においては，学校という小社会で様々な役割を果たしながら社会性，自主性等を養うことが社会参加であるということがいえよう。また，低学年〜中学年の児童においては，学校外に頻繁に出かけていくことは容易ではない。低学年であれば生活科，中学年であれば総合的な学習や社会科の学習においてゲストを招き，働く人々との出会いの場を学校内で設定することが考えられる。中学年から高学年にかけては学校外に出向き，働く人々との直接の交流の場をもったり，地域の諸行事に参加したり，地域の人々と身近な問題に関するプロジェクトを遂行したりしていくことも可能になる。

> 中学校：社会における自らの役割や将来の生き方，働き方を考えさせ，目標を立てて計画的に取り組む態度を育成し，進路の選択・決定に導く

　中学校段階では，小学校から連続的に発展する形で，学級内，学校内での諸活動や諸行事において責任ある役割を担うことを通して人間関係能力や社会形成能力を身に付けていくことになる。運動会や合唱祭，また宿泊行事などで仲間と関わり，自らの役割を果たすことを通して自己理解を促進され，自己管理能力を身に付けていくことになる。社会参加の視点からはボランティア体験や職場体験などがキャリア形成に有効である。ボランティア体験では自らが現実社会でどのように役に立つことができるのかを試す機会になり，また共に助け合って生きることの意味を理解する機会となる。職場体験は自己を理解し，将来の生き方を考える好機となろう。職場体験では単なる体験に終わらせず，探究的な要素を取り入れることでより有益な社会参加学習としての展開が可能となる。

> 後期中等教育（高校教育）：生涯にわたる多様なキャリア形成に共通して必要な能力や態度を育成し，これを通じて勤労観・職業観等の価値観を自ら形成・確立する。

　高等学校では，約20％の生徒が卒業後に職に就くことになる。他の生徒の大多数は大学や専門学校上級学校に進むことになる。高等学校段階は進路について現実的に考えさせ，社会・職業への移行をスムーズに移行させるための重要な時期である。上級学校に進む生徒にとっても，将来の職を見通した上での進学が求められる。また，高校卒業後にフリーターやニート（Not in Education, Employment or Training, 就労や職業訓練につかない若者）になる生徒の実態が社会問題となって久しい。多様な進路・職業について理解を深めるためには豊かな体験を通して広い視野から適切に判断を行う必要があり，高等学校ではキャリア教育として社会参加学習はとりわけ重要である。具体的な形態としては中学校での職場体験を発展的に深める形でのインターンシップや，職場でのワークショップ，また地域や社会の課題解決のためのプロジェクトなどのへの参画が考えられる。社会奉仕活動なども自らが社会でどのように役に立つことができるかを現実社会で探る機会とすることもできる。さらに実践的な社会参加学習としてはアントレプレナー（起業）体験が挙げられる。生徒がビジネス的な要素をもったプロジェクトを考案したり，実践することで今求められている価値を創造することの重要性への気付きや社会で求められるマナーや情報処理能力等の基礎的な能力を身に付けることができる。

### 3．キャリア教育としての社会参加学習における組織的な指導体制

　キャリア教育の一環として社会参加学習は，どのような学習機会にどのような体制で取り組めばよいのだろうか。今次の学習指導要領ではキャリア教育は特別活動を要として各教科等すべての教育活動で行われるものとされた。社会参加学習もすべての教育活動で展開可能であるが，教科としては社会科系科目，家庭科，生活科，理科が実施しやすいという特性をもっている。また総合的な学習や各教科での探究学習は，社会参加学習に特に適した時間枠である。キャリア教育は特別活動を要とするものとされることから，特別活動を念頭にした社会参加学習実施のための組織的な指導体制が求められることになる。

　特別活動は児童生徒の自主的活動を尊重し，自主的な態度の育成を目指すものである。したがって社会参加学習の展開においても児童生徒の自主性・自律

性を可能な限り担保することになる。児童生徒の自主性に基づく社会参加学習はキャリア教育の鍵である自らの責任で役割を果たす機会を与えることになり，その過程で自己の可能性を見出す機会を与えることになる。たとえば中学校でボランティア体験や職場体験を特別活動として実施する場合には，体験先の選定や活動内容について，できるだけ生徒の選択が行われるような配慮を行うようにしたい。特別活動として社会参加学習での教師の役割は社会参加のための舞台を児童生徒のために準備するという捉え方が適切である。これに対して社会科や家庭科などの教科指導の一環として高齢者施設でボランティア体験などを行う場合には，体験先や活動内容は教科の指導目標から設定されることになる。

　キャリア教育としての社会参加学習は学年毎に行われることが望ましく，したがって，その準備は複数の教員で対応することになる。小学校においては同一学年の学級担任間，中学校・高等学校においては教科担任間や学年担任間で社会参加学習のための組織を立ちあげ，構想や設計段階から実施までのチームやペアでの協力体制で実施したい。また，社会参加学習では地域の人材の活用や学校外の様々な立場の人との連携が必要になる。それらについてもチームで対応したり，学校全体で組織的に対応することが求められる。教科や道徳，総合的な学習として行われる社会参加学習はキャリア教育の一貫としてカリキュラムに明確に位置づけ，基礎的・汎用的能力における諸要素を取り入れることで，キャリア教育のねらいを具現化することができる。

## 3　社会参加学習の理念的な考察

### 1.　社会参加学習の理論的背景

　社会参加を伴った教育は，学校教育の存立とともにその必要性が主張されてきた。その背景には今日のキャリア教育が必要とされる理由と共通するところがある。学校教育における学校知と生活知の乖離を埋める必要性，ならびに国民国家形成における市民性育成への要請である。

　そこで本章では社会参加学習の本質的な意義や課題を経験主義教育に関わる

諸理論から考察し，今後の社会参加学習の展開に資するものとする。

　社会参加学習の究極の目標は，市民性の育成にある。市民性獲得には民主主義社会に参加するための技術，知識，態度等の育成が不可欠である。それらを育成するに際しては，実際の社会への参加を必要とするかどうかについて識者の間でも見解が分かれている。必要とする立場は，社会への参加の態度や技能は実際の参加を通して身に付けられるものであるとし，可能な限り学校教育においても社会参加を伴う学習を取り入れるべきであると主張する。実際の参加を必要としないとする立場は，学校教育の制度的な限界（時間数の問題等）や実際に参加させることによる弊害（偏向教育）などから，将来的な参加を可能とする資質の育成に限定すべきであると主張する。社会参加学習がもつこうした課題について，経験主義教育の源流ともいえるデューイ（Dewey, John）とオルセン（Olsen, Edward G.）の知見から以下に再考する。

## ① デューイによる経験主義的教育と社会参加学習

　デューイが活躍した20世紀初頭，アメリカは急速な産業構造の変化を迎える。大きな社会の構造的な変化に直面し，学校教育にも新たな対応が求められるようになる。デューイは，「こんにちでは，産業の集中と労働の分業によって，家庭と近隣から有用な仕事がなくなってしまった──すくなくとも教育目的のうえからいえば，そういってよい。」（デューイ 1957：22）と述べ，従前の教育目的を失ったことを明らかにする。子どもの身近に職業が存在していた時代には，家庭や地域で現実社会に生きるための様々なスキルを身に付けることができた。また，職業的なスキルだけではなく，「秩序や勤勉の習慣，責任の観念，およそ社会において何事かを為し，なにものかを生産する義務の観念などの訓練の諸要素」（デューイ 1957：22）を身に付けることも可能であったのである。

　工業化によって職住が分離した結果，子どもが学校で学んでいることがらを日常生活に応用できなくなり，同時に子どもが学校の外で経験したことを学校で十分に利用できなくなった。デューイはそれを「生活からの学校の孤立」と捉えた。そして，デューイは「学校の孤立」を変革するための教育理論を展開することになる。デューイは「どの子どもが最も多量の知識を貯え，集積する

ことにおいて他の子どもたちにさきがけるのに成功するかをみるために復誦な
いし試験を課して，その結果を比較すること」（デューイ 1957：26）が一般的な
学校教育の教育目標とされることに懸念を示す。試験などの競争によって，知
識を身に付けさせることは，社会的動機もなく，利己主義に陥る危険性がある
と捉えたのである。デューイは，学校が知識の詰め込みを行うところではなく，
学校が家庭や近隣の社会を縮約した小社会として，子どもの活動的な社会生活
が行われる場でなければならないとする教育実践論を展開した。そして「学校
はいまやたんに将来いとなまれるべき或る種の生活にたいして抽象的な，迂遠
な関係をもって学科を学ぶ場所であるのではなくして，生活と結びつき，そこ
で子どもが生活を指導されることによって学ぶところの子どもの住みかとなる
機会をもつ。学校は小型の社会，胎芽的な社会となることになる」（デューイ
1957：29）と述べるのである。

　デューイが提唱した実験学校では，学校図書室を学校の実践的な諸活動の理
論を代表する場として位置づけ，その周辺に生活に必要な作業所を配置する。
家庭との関係においては，家庭での仕事と関連のある学習内容を取り入れるこ
とによって，学校で学んだことを即座に家庭で実践することができるようにな
る。そして，デューイは「子どもが日常のありふれたやりかたで獲得するとこ
ろの経験が学校にもちこまれてそこで利用されると同時に，子どもが学校で学
ぶことがらが日常生活に持ちかえられて応用」（デューイ 1957：95）されること
を目指したのである。一方でデューイは「学校と産業生活のあいだにも有機的
な関係が存在すべきである。だが，それは子どもを何らかの職業にむかって準
備するべきであるということを意味するのではない」（デューイ 1957：83）と述
べ，学校が現実の社会に適応するための職業準備教育を行うことを責務とする
ものではないことを付言していた。

　このようなデューイの教育論は，子どもたちが日常生活の中から獲得した経
験を学校に持ち込み，より高度に応用または分析できるような仕組みを作るこ
とによって，社会と学校を有機的組織とすることを目指したものである。この
意味でデューイの教育論は，社会参加学習の契機になるものであり，学校教育
を現実社会と結びつける試みとして今なお有効な教育論である。一方でデュー

イの教育論は地域と直接結びつける社会参加による連関を志向するものではな
かった。その理由としてデューイは，現代の社会が非教育的な条件に満ちてい
ることを挙げる。社会的現実が，青少年に対する悪影響に満ちていることと，
社会が対立的・論争的な問題に満ちていることを理由として挙げ，学校は地域
と一定の距離を保たなければならないとの立場を取ったのである（デューイ
1957：329）。

## ② オルセン「学校と地域社会」における地域社会学校

　デューイのいう「生活からの学校の孤立」は，一般的状況としては改善され
ないばかりか，その事態はますます深刻になる。オルセンは，そうした状況に
対して「地域社会学校」を中心に地域社会そのものを変革することによって，
本質的解決を図ろうとした（オルセン　1950：593）。

　学校と地域を密接に結びつけることの要請としてオルセンは工業化の進歩と
都市化によって，「彼らは青年期になっても，本当に仕事をやる経験は少しも
持っていない。政治上の諸事件にはほとんど関心を抱いていない。」（オルセン
1950：8）と述べ，書籍中心的なそれまでの「学究的な学校」や児童中心的な
「進歩的な学校」に対して，生活中心的な「地域社会学校」の重要性を説いた
（オルセン　1950：9-17）。

　この生活中心的な教育についてオルセンは，「学校は，地域社会の諸活動に
参加させることによって，その社会を発展させなければならぬ」（オルセン
1950：101）と述べ，学校の地域社会への参加を重要な柱として位置づけている。
学校を「島」に喩え，地域と学校という「島」を結ぶ十の架け橋として，「文
書資料」「視聴覚補助具」「校外専門家の来校指導」「面接」「調査」「現地見学」
「長期調査旅行」「学校キャンプ」「奉仕協力活動」「職業体験」を挙げた（オル
セン　1950：101）。紙幅の関係からここでは「調査」と「奉仕協力活動」を取り
上げることにする。

　「調査」についてオルセンは，「調査の目的は，それ自身で完結した活動であ
るべきではなく，むしろさらに社会的活動におよぶという『結果をもたらす』
ことに他ならないことを，再び強調しておきたい」と述べ，調査活動が単に学

校教育で完結するものではなく，学校が行う調査活動が地域を変革し，再興するためのものであるとした。調査活動における成果を地域に発信する手段として「学校出版物」「地方新聞」「地域社会の会合，催し」などを挙げている（オルセン 1950：234）。

「奉仕協力活動」については，「奉仕協力活動をなすことによって，学習者＝作業者は，社会上の問題を解決する際，自分というものとグループが同一だということがわかるようになるわけだから，これほど高尚な報いが他では得られないのである」とし，活動として，「市民生活改良の計画」「消費者の福祉のための計画」「科学的思考の計画」の三つの範疇を挙げている（オルセン 1950：341-342）。このうち「市民生活改良の計画」の具体例としては，「自転車に関する法規を改正すること」「住宅計画の立案を援助すること」「地域社会所有の山林に植林すること」などが挙げられている。これら例示は，単なる「奉仕」や「協力」にとどまるものでなく，地域社会を積極的かつ実際に改善していこうとする要素を含んでいる。一方で，奉仕協力活動の計画立案について，「奉仕協力活動が，卑下する態度や横柄な態度さえも育成する」と述べ，奉仕活動の問題点にも言及している（オルセン 1950：365-366）。

地域と国家の関係については「現代においては，地域社会は，地区社会・国家社会および世界社会と固く不可分に結びつけられているものであり，（中略）結局においては，その関心と奉仕とを発展させてゆけば，全世界と同じ広さをもつものである」と述べ，地域の問題を扱うことによって，同心円的に地域への関心や愛着は拡がりをみせると説明する（オルセン 1950：29）。

### ③ デューイとオルセンからキャリア教育としての社会参加学習への示唆

デューイの論考からの示唆は学校の生活からの孤立への警鐘である。キャリア教育の充実が指摘されるようになった背景には，「児童（生徒）が，学ぶことと自己の将来とのつながりを見通しながら，社会的・職業的自立に向けて必要な基盤となる資質・能力を身に付けていくこと」（2017年告示学習指導要領総則）がある。学校教育の存立基盤は，子どもたちに現在の生活，そして将来に活きる社会や職業において必要な諸能力を身に付けさせることにある。とこ

ろが実際は今日においても，学校は社会から孤立し，試験のための学習など，学校内だけで自己完結する学力の育成に傾倒してきたことは否めない。膨大な時間を費やしたにもかかわらず，在学中に学んだ知識や技能は現実生活ではその多くが役立っていないと誰もが感じているのではないだろうか。キャリア教育もデューイが主張した経験主義教育も，いずれも教育が本来目指していたところに回帰させようとする試みである。さらには変化が早く，世界規模での経済の競争激化している現代では，与えられた知識を獲得するだけではなく，自ら知識を獲得しうる能力を身に付けることが求められている。社会との関わりはより重要になってきており，知識を伝達してきたこれまでの教育の在り方を根本から見直す必要に迫られているのである。

　オルセンは，今日主張されている社会参加学習の重要性を理論的に考察するとともにその在り方を具体的に示している。オルセンが「地域社会学校」を提案した時代状況と今日の社会は異なるが，今まさにコミュニティスクールの重要性が叫ばれ，すでに日本の学校の1割がコミュニティスクールとなっている。学校・家庭・地域の連携が日本社会そのものに求められており，教育は学校だけが担うものではなく社会全体で担うものとされるようになった。学校と地域を結ぶ架け橋となるのが社会参加学習である。オルセンが示した学校という島と地域社会をつなぐ10の具体的な方法と内容は再評価すべき価値を有しているものと考えられる。

　デューイとオルセンに改めて学び，社会参加学習の必要性をその本質から再確認し，確たる社会参加学習を学校と社会・地域に根付かせることが重要であろう。それが机上のキャリア教育に留まらず，実効性のあるキャリア教育の具現化につながるものと考えられるのである。

## 4　米国における社会参加学習，サービス・ラーニングの展開

### 1.　サービス・ラーニング導入の経緯

　サービス・ラーニングは社会貢献活動（サービス）と学習（ラーニング）を統合させた学習方法である。米国を発祥とし，高等教育を中心に初等・中等教

育にまで幅広く諸外国に広がっている。

　米国ではボランティア活動が伝統的に重視されており，それは「ピルグリム
の時代から大切にされてきた伝統精神であり，その活動は教会やボーイ・ガー
ルスカウトなどによって担われてきた」（The National Service-Learning Clearing-
house のウェブサイト）ものとされる。1980年代にはそれを学校教育に導入し，
単位化しようとする動きがみられるようになる。カーネギー教育振興財団が組
織した「全米公立問題研究会」の報告書「ハイスクール新生12の鍵」（1984
年）は，その5番目の鍵として学問的なプログラムの他に1年間30時間以上の
奉仕活動を完了すべきであるとする勧告を行った（ボイヤー　1984：230-243）。
目的は「自分が責任をもつ，より大きなコミュニティの構成員であることを生
徒自身が理解していくこと」とされ，市民性育成の重要性を指摘している。背
景として青少年の社会性の欠如やコミュニティに対するアイデンティティの希
薄化などを示す事例を挙げている（ボイヤー　1984：240）。

　中等教育の動向の一方で，高等教育にも奉仕活動を取り入れようとする動向
があった。1970年代に全米学生ボランティアプログラムが設立され，1979年に全
国サービス・ラーニングセンターが組織された。1985年にはサービス活動導入を
推進するために，東部の大学の学長が中心になってキャンパスコンパクトとい
われる大学連合がつくられ，これが母体となって大学教育に地域への奉仕活動
や国際平和などに貢献するプログラムが取り入れられるようになる（宮崎 1998）。

　1990年代になるとこうした取組がコミュニティサービスとして学校教育全般
に幅広く取り入れられるようになる。その契機は "The National Community
Service Act of 1990" ならびに1993年の "The National and Community Serv-
ice Trust Act" の成立である（The National Service-Learning Clearinghouse の
ウェブサイト）。後者の内容は，幼稚園から大学までの学校教育において，コ
ミュニティサービスへの参加を促進することを目的とし，財政的な基盤として
"Corporation for National and Community Service（CNCS)" という公的な振
興機関を設立させるものであった。コミュニティサービスとボランティア活動
の相違は「コミュニティにおけるボランティア活動を外部的な報奨をともなっ
て行うものである。サービス活動が単位や卒業要件になっている場合には，ボ

ランティア活動ではなくコミュニティサービスとなる」などと説明されている（Social Science Education Consortium 1966：7-10）。コミュニティサービスの意義はボランティア活動を学校教育の一環として取り込むことにあったともいえる。このため，コミュニティサービスは強制労働であると批判されたり，学校カリキュラムとの関連性の有無が指摘されたりするようになった（宮崎 2011）。

## 2.　サービス・ラーニングの概要と実践

　サービス・ラーニングは，こうした経緯において強調されるようになった。社会科学教育協会（SSEC：Social Science Education Consortium）はサービス・ラーニングについて「教科のカリキュラムとリンクしておりコミュニティサービスを教育的により洗練したものである。サービス・ラーニングは，教科の学習内容とサービス活動が統合している指導法である。生徒は社会参加の実際の場面において，教室で学んだ事柄を用いることができ，教室で学んだことの意味や学校・地域の重要性，自分自身の存在の重要性に気づくことができる」と説明している。年次報告書 "Growing to Greatness" によれば，質の高いサービス・ラーニングの実践には，① 意味のある貢献活動（サービス活動），② カリキュラムとの統合，③ 振り返り，④ 多様性，⑤ 若者の声の反映，⑥ 参加者間の互恵性，⑦ 活動経過の観察（モニタリング），⑦ 持続と集中，の各要素が重要であるとされている（National Youth Leadership Council 2008：27）。

　ここではサービス・ラーニングの要件を体現していると考えられる比較的初期の実践（1990年代）でミドルスクールを対象とした事例を "Service Learning in the Middle School Curriculum" の中から取り上げることにする。実践事例の訳出にあたっては筆者が適宜内容を整理し，再構成している（Social Science Education Consortium 1996：7-10）。

---

◇プロジェクト名　サンドクリーク公園
◇実施学校　ノースミドルスクール　コロラド州オーロラ
◇実施時期　1994年〜95年の１年間

◇プロジェクトの概要

　プロジェクトはサンドクリーク公園を主要テーマとして取り上げたものである。サンドクリーク公園はオープンスペースの公園であり，多くの生徒はその公園近くあるいは周辺に住んでおり，彼らは余暇をその公園で過ごしている。プロジェクトは公園の環境についての学習，公園の地図作成，公園の運営に関する法制度の学習，清掃活動，ジャーナリングなどである。単元の目標は生徒に公園に対する所有者としての誇りと責任を身に付けさせることであった。

◇サービス活動の目標

① 参加者

　教室内で学習した知識や技能をサンドクリークの状況に適応させること。

・目標を達成するために個別に，または共同で活動すること。

・環境の所有者としてあるいは世話役としての意識を開発すること。

・コミュニティにおける共通の環境問題への道徳心を育成することができる，挑戦的で責任のある活動に加わること。

・サービス・ラーニングの経験について批判的に振り返ること。

② コミュニティ

・コミュニティと生徒の相互関係を開発し，共同でコミュニティのニーズを決定すること。

・責任感を育成するための参加の機会を提供すること。

・社会参加活動に携わる参加者の行動から利益を得ること。

・参加者がプランを作成したり，実行したりするための手段を提供し，コミュニティを手助けするための活動の利益に気づかせること。

◇教科指導との関連（一部）

社会科：ネイティブアメリカンの見地からその地域の歴史を学ぶ。

理科：公園の植物や動物の生息状況について学ぶ。

数学：公園を歩測し，地図を作製する。

語学：ジャーナルを継続的に書き続け，活動の振り返りについて記述する。

工業技術：コウモリのための家をつくり，生息数についての観察を行う。

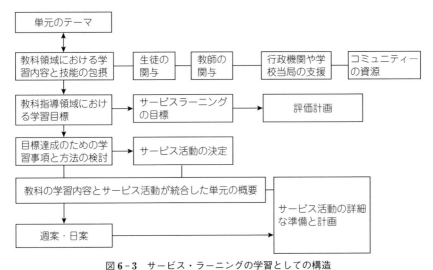

**図6-3　サービス・ラーニングの学習としての構造**

出所：Service Learning in the Middle School Curriculum, A resource book（1996）（筆者訳出）.

　こうしたサービス・ラーニングの特徴は，地域と学校との互恵関係によって成り立っていることである。その学習としての構造は図6-3にあるように，第一に教科等の学習内容と社会貢献的な活動の連携を要件とし，教室で学んだことを社会貢献的な活動で応用したり，社会貢献的な活動で身に付けた技能や知識を教室で活用したりするところにある。これは単なるボランティア活動等ではなく，学校教育が行うべき教育活動としての意義を見出したものと考えられる。第二はテーマの立案や貢献活動の内容の策定，目標の設定に生徒や地域の関与を求め，事前の評価計画をもとに詳細な活動計画が策定されることである。第三は熟慮された準備と計画的な振り返りが必須とされていることである。

## 3.　わが国の社会参加学習への示唆

　サービス・ラーニングはその強調点によって多様な性格をもつが，そのねらいとして第一に挙げられるのが市民としての資質の育成である。社会の一員としての自覚と責任を涵養するとともに市民として必要な技能や知識を身に付けさせ，さらには市民としてのアイデンティティを獲得させようとするものであ

る。第二に学校教育と地域での活動との連関である。学校で学んだことを地域で応用し，地域の活動で必要となった技能や知識を教室で学ぶという学習方法である。これらは日本のキャリア教育が目指す「社会的・職業的自立に向け，必要な基盤となる能力や態度を育てる」ことや，「自らの役割の価値や自分と役割との関係を見いだしていく連なりや積み重ね」とされるキャリア発達に資する機会を児童生徒に提供するものといえよう。

　サービス・ラーニングの教育としての有意性は，構造化された学習方法でそのねらいを具現化しようとするところにある。構造的な学習としては，①社会に実際に役立つ活動をプロジェクトとして実施すること，②プロジェクトの立ち上げや考案にあたって生徒を参画させること，③学校での内容と貢献活動とを統合したカリキュラムをもつこと，④振り返りを必須とし学びの自覚化や関連づけなどを行うこと，などを要件としていることである。こうしたサービス・ラーニングの方法は，わが国の社会参加学習の展開において参考になるものであり，とりわけキャリア教育を念頭においたとき重要になるものと考えられる。他方で社会参加学習には社会福祉等に関わる人的資源の投入としての契機や道徳教育の代替としての役割が期待されることがある。振り返りや教科との連携，さらには規範意識の涵養と同時に地域をよりよく変革していくことができるような能力をバランスよく育成する社会参加学習が求められるところである。

## 4. 社会参加学習の事例

　ここでは社会参加学習のプログラムの事例として SAGE（セージ，Students for the Advancement of Global Entrepreneurship）を取り上げることにする。SAGE は2002年，カリフォルニア州立大学 Curtis DeBerg 教授らによって立ち上げられた国際的な教育プログラムである。日本には2012年，教育プログラムとしての意義を強調する形で SAGE JAPAN が設立された（http://sageJapan.jp 参照）。SAGE ではアントレプレナーシップ（起業家精神）やそれに伴う諸能力を参加者が身に付けることを目指しているが，SAGE JAPAN では，起業そのものを目的とするのではなく，社会貢献に焦点を当て，現実社会の問

**図6-4　SAGE JAPAN の入れ子構造**

題を解決する過程で必要となる問題解決能力，社会貢献力，提案力，創造力，チャレンジ精神，イノベーション能力等の獲得を重視している。

　高校生はフードロスを削減するための科学教室開催や献血促進のためのプログラム開発など，国連アジェンダ SDGs（持続可能な開発のための目標）と関連した多様なプロジェクトを考案・実践してきた。SAGE は世界約20カ国で行われ，その成果を披露する場として年に一度の世界大会が開催されている。プログラムはサービス・ラーニングの教育方法が取り入れられ，高校生の活動を大学生が支援しながらプロジェクトが遂行されているところに特徴がある。

　SAGE JAPAN の構造は図6-4のようになっている。高校生が地域や社会の問題を取り上げ，その改善策や解決策を立案・実践する。問題の発見から解決に至る道筋は問題解決能力等の獲得につながる。プロジェクトは実際に社会とって有益であることが求められ，地域社会は高校生の活動によって地域の課題改善の手掛かりを得ることになる。同時に，地域社会は高校生の教育に貢献することになる。このような高校生と地域の互恵関係は，サービス・ラーニングの実践と捉えることができ，また高校生の活動はアントレプレナーの実践プロジェクトでもあり，そこから多くの学びを得ることができる。

　高校生の活動を支援する大学生サポーターと高校生の互恵関係もサービス・ラーニングの学習構造となっている。大学生サポーターは，高校生の自律性を尊重しながら高校生のプロジェクトの進行に立ち会うことになる。大学生サポーターは高校生にアドバイスを行ったり，専門家や企業人を紹介するなどの

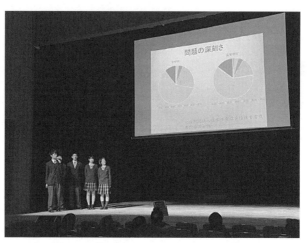
図6-5　第6回 SAGE JAPAN CUP の様子

支援を行う過程で知識や技能，人間関係能力を身に付けることになる。また高校生にアントレプレナーについてアドバイスを行うことで，高校生同様にアントレプレナーシップを身に付けていくことになる。高校生の側は身近な存在である大学生からアドバイスを受けることでプロジェクトの進行が容易になるとともに，近未来のロールモデルである大学生から進路等について考える機会を得ることになる。

　SAGE JAPAN は学生によって運営されている。運営にあたっている学生が大学生サポーターを対象にした研修会を行ったり，運営のための資金を企業から調達したり，国内大会，世界大会の運営を行ったりすることから，運営している学生と SAGE JAPAN のプログラムとの間にもサービス・ラーニングの学習形態が成立している。SAGE JAPAN は，そこに参加しているいずれのアクターも現実社会を対象とした活動を行っており，また，社会をよりよく改善するためのプロジェクトを核とした社会参加の活動を行っているものということができる。学校と社会，また学校間，校種間（大学と高校など）をつなぐプロジェクトでもあり，今後の社会参加学習展開における一つのモデルと捉えることができよう。

┌─ **学習課題** ─────────────────────────────

1. キャリア教育と社会参加の関連について述べよ。
2. サービス・ラーニングの特徴を述べ，キャリア教育にどのように活用できるか，
　具体的な授業やカリキュラムを構想しなさい。

└────────────────────────────────────

**引用・参考文献**

オルセン，E.G., 宗像誠也・渡辺誠・片山清一訳（1950）『学校と地域社会』小学館.

中央教育審議会（2011）「今後の学校におけるキャリア教育・職業教育の在り方について（答申）」.

デューイ，J., 宮原誠一訳（1957）『学校と社会』岩波書店.

ボイヤー，A.L., 天城勲・中島章夫監訳（1984）『アメリカの教育改革』メディアファクトリー.

宮崎猛（1998）「サービスラーニングの動向と意義」日本社会科教育学会『社会科教育研究』，80：33-39.

宮崎猛（2002）「文献解題・市民性育成と地域における子どもの参加・参画」『2002年度日本社会科教育学会研究年報』.

宮崎猛（2011）「社会奉仕体験活動の展開への示唆——米国サービス・ラーニングをめぐる議論に着目して」創価大学教育学会『創大教育研究』，20：1-14.

文部科学省（2018）『小学校学習指導要領解説　総則編』東洋館出版.

The National Service-Learning Clearinghouse "Historical Timeline" http://www.servicelearning.org/what_is_service-learning/history

National Youth Leadership Council (2008) *Growing to Greatness 2008: The State of Service-Learning Project*, p. 27.

Schukar, R., Johnson, J., Singleton, L. R. (1996) *Service Learning in the Middle School Curriculum: A resource book*, Social Science Education Consortium.

（宮崎　猛）

# 第7章

# キャリア発達と
# キャリア・カウンセリング

　何を学ぶのかとなぜ学ぶのかをつなぐ，各教科・領域の学びをつなぐ，日常生活と未来をつなぐ，自分と社会をつなぐ，自分の過去と現在，そして将来をつなぐ——。

　このように，キャリア発達とは，時間的ならびに空間的な意味における様々なつながりが拡充していく過程である。その過程には，発達段階や発達課題の達成というトランジションが含まれており，これは飛躍あるいは危機への転換点となる。この過程を自己評価し，キャリア発達における学習と評価の一体化を図ることは，ネットワークを統合する自己自身の生き方を培う意味で有益なことといえよう。

　キャリア発達を促進するための一つのアプローチがキャリア・カウンセリングである。一口にキャリア・カウンセリングといっても，その方法は，自己理解を促進する，情報を提供し方向づける，そして集団での体験的な活動や話し合いなど様々である。目的としても，個々の児童生徒に応じた課題解決的な観点，早期発見・早期対応をねらいとした予防的な観点，そしてすべての児童生徒を対象とした開発的な観点など多様である。

## *1*　キャリア発達の意味と理論

### 1.　キャリア発達の意味

　キャリア発達を促進するところに，キャリア教育の主眼がある。そのキャリア発達とは何を意味するのであろうか。

　中央教育審議会（2011：17）の「今後の学校におけるキャリア教育・職業教育の在り方について（答申）」では次のように述べられている。

> 　人が，生涯の中で様々な役割を果たす過程で，自らの役割の価値や自分と役割との関係を見いだしていく連なりや積み重ねが，「キャリア」の意味するところである。このキャリアは，ある年齢に達すると自然に獲得されるものではなく，子ども・若者の発達の段階や発達課題の達成と深くかかわりながら段階を追って発達していくものである。

　そして，この箇所の注で次のように述べられている。

> 　社会の中で自分の役割を果たしながら，自分らしい生き方を実現していく過程を「キャリア発達」という。

　人は，自己実現に向けて，社会と関わりながら生きようとする。そして，各時期にふさわしいそれぞれのキャリア発達の課題を達成していく。このことが，生涯を通じてのキャリア発達となるのである。すなわち，児童生徒一人ひとりが，それぞれの発達過程に応じ適切に自己と働くこととの関係づけを行い，自らの認知的，身体的，社会情緒的な特徴を一人ひとりの生き方として統合していく過程がキャリア発達なのである。

　これらの考え方の背景になっているのは，スーパー（Super, D. E.）の理論である。スーパーの理論の特徴は，キャリア概念を時間的に展開し生涯発達の視点を有していること（ライフ・スパン），さらに生活空間にも展開しワーク・キャリアに限定されないライフ・キャリアの視点を有していること（ライフ・スペース），そしてキャリアの中核的な構成要素として自己（もしくは自己概

念）を位置づけている点にある。彼の理論に基づくならば，キャリア発達は，生涯にわたる，自己と他者，自己と複数の環境との相互作用を通じた役割の分化と統合の過程である。つまり，社会の中で自分の役割を果たしながら，自分らしい生き方を実現していくことと捉えることができる（キャリア発達段階，ライフ‐キャリア・レインボー，そしてアーチ・モデルなど，スーパーのキャリア発達理論の詳細については，渡辺（2018）を参照されたい）。

　キャリア発達を理論的に理解する上で有益な観点として，渡辺（2018）は次の四つを挙げている。一つ目は人と環境との相互作用であり，キャリア発達のダイナミズムを理解しておく必要がある。二つ目に時間的流れであり，時間的展望，節目を踏まえる必要がある。三つ目に空間的広がりであり，キャリア発達の過程における役割の相互関係や，それらが織りなす場やその場と別の場との関係のことである。四つ目は個別性であり，これはキャリア発達の独自性を意味するにとどまらず，自分自身のキャリアの管理者になることを意味する。

　これら包括的・統合的にキャリア発達を捉える観点から，サビカス（Savickas, M. L.）は，スーパーの理論を発展させた。たとえば，スーパーがキャリア成熟の概念について述べた「未来への計画的な方向づけ」を踏まえて，サビカスは，キャリア発達を「つくりあげる」面，つまり主観的・価値的な意味づけに着目した点がそれである。このように，社会構成主義や文脈主義を背景として，つまり個々人に独自な時間軸と空間軸に基づきキャリア発達を捉えようとする彼の理論は，キャリア構築理論（career construction theory）と呼ばれる。キャリア構築理論においては，個々人のキャリア発達の語りであるキャリアストーリー，その軸となるライフテーマを重視するが，これは個々人のキャリア発達にとって重要なことへの気づき，その社会的な意味，関係性の感覚を促進する観点を示している。また，関心，統制，好奇心，自信から成るキャリア・アダプタビリティは，「なりたい自分」「ありたい自分」を実現するための観点を示している（堀越・道谷 2018）。

表7-1　小学校・中学校・高等学校におけるキャリア発達

| | 小学校 | 中学校 | 高等学校 | |
|---|---|---|---|---|
| 就学前 | 進路の探索・選択にかかる基盤形成の時期 | 現実的探索と暫定的選択の時期 | 現実的探索・試行と社会的移行準備の時期 | 大学・専門学校・社会人 |
| | • 自己及び他者への積極的関心の形成・発展<br>• 身のまわりの仕事や環境への関心・意欲の向上<br>• 夢や希望，憧れる自己のイメージの獲得<br>• 勤労を重んじ目標に向かって努力する態度の育成 | • 肯定的自己理解と自己有用感の獲得<br>• 興味・関心等に基づく勤労観・職業観の形成<br>• 進路計画の立案と暫定的選択<br>• 生き方や進路に関する現実的探索 | • 自己理解の深化と自己受容<br>• 選択基準としての勤労観，職業観の確立<br>• 将来設計の立案と社会的移行の準備<br>• 進路の現実吟味と試行的参加 | |

出所：文部科学省（2011a：19）.

表7-2　小学校段階におけるキャリア発達課題

| 低学年 | 中学年 | 高学年 |
|---|---|---|
| ①小学校生活に適応する。<br>②身の回りの事象への関心を高める。<br>③自分の好きなことを見つけて，のびのびと活動する。 | ①友だちと協力して活動する中でかかわりを深める。<br>②自分の持ち味を発揮し，役割を自覚する。 | ①自分の役割や責任を果たし，役立つ喜びを体得する。<br>②集団の中で自己を生かす |

出所：文部科学省（2011a：20）.

## 2. キャリア発達とその支援

### ① キャリア発達の過程と課題

　キャリア発達は，段階を追って一人一人の能力や態度，資質が育っていく過程であり，各段階には取り組まなければならない課題がある。こうしたキャリア発達の一般的な過程について，文部科学省（2011a）によると，表7-1のように示されている。

　そして，キャリア発達の過程には，様々な発達課題が想定されている。小学校，中学校，高等学校それぞれの段階におけるキャリア発達課題については，表7-2・3・4のように示されている。

表7-3　中学校段階におけるキャリア発達課題

| 中学校段階でのキャリア発達課題 |
| --- |
| ○キャリア発達段階<br>　　⇒現実的探索と暫定的選択の時期<br>○キャリア発達課題<br>　　• 肯定的自己理解と自己有用感の獲得<br>　　• 興味・関心等に基づく勤労観・職業観の形成<br>　　• 進路計画の立案と暫定的選択<br>　　• 生き方や進路に関する現実的探索 |

| 各学年におけるキャリア発達課題の例 | | |
| --- | --- | --- |
| 1年生 | 2年生 | 3年生 |
| • 自分の良さや個性が分かる。<br>• 自己と他者の違いに気付き，尊重しようとする。<br>• 集団の一員としての役割を理解し果たそうとする。<br>• 将来に対する漠然とした夢やあこがれを抱く。 | • 自分の言動が他者に及ぼす影響について理解する。<br>• 社会の一員としての自覚が芽生えるとともに社会や大人を客観的にとらえる。<br>• 将来への夢を達成する上での現実の問題に直面し，模索する。 | • 自己と他者の個性を尊重し，人間関係を円滑に進める。<br>• 社会の一員としての参加には義務と責任が伴うことを理解する。<br>• 将来設計を達成するための困難を理解し，それを克服するための努力に向かう。 |

出所：文部科学省（2011b：115）.

## ② キャリア発達の支援

　キャリア発達を支援するために，小学校，中学校，高等学校の学習指導要領では，その「総則」に「児童の発達の支援」（中学校・高等学校では「生徒の発達の支援」）の節が設けられている。そして，児童（中学校・高等学校では「生徒」）の発達を支える指導の充実において配慮すべき事項の一つとして次のように述べられている。「児童（中学校・高等学校では「生徒」）が，学ぶことと自己の将来とのつながりを見通しながら，社会的・職業的自立に向けて必要な基盤となる資質・能力を身に付けていくことができるよう，特別活動を要としつつ各教科等の特質に応じて，キャリア教育の充実を図ること」。

　この特別活動で育成すべき資質・能力として掲げられているのが，「人間関係形成」「社会参画」「自己実現」という三つの視点である。

　「人間関係形成」とは，集団の中で，よりよい人間関係を自主的，実践的に形成する力のことであり，集団の中において，個人対個人という関係性の中で

**表7-4　高等学校段階におけるキャリア発達課題**

| 高等学校段階でのキャリア発達課題 |
| --- |
| ○キャリア発達段階<br>　⇒現実的探索・試行と社会的移行準備の時期<br>○キャリア発達課題<br>　• 自己理解の深化と自己受容<br>　• 選択基準としての勤労観，職業観の確立<br>　• 将来設計の立案と社会的移行の準備<br>　• 進路の現実吟味と試行的参加 |

| 高等学校段階におけるキャリア発達の特徴の例 | |
| --- | --- |
| 入学から在学期間半ば頃まで | 在学期間半ば頃から卒業を間近にする頃まで |
| • 新しい環境に適応するとともに他者との望ましい人間関係を構築する。<br>• 新たな環境の中で自らの役割を自覚し，積極的に役割を果たす。<br>• 学習活動を通して自らの勤労観，職業観について価値観の形成を図る。<br>• 様々な情報を収集し，それに基づいて自分の将来について暫定的に決定する。<br>• 進路希望を実現するための諸条件や課題を理解し，検討する。<br>• 将来設計を立案し，今取り組むべき学習や活動を理解し実行に移す。 | • 他者の価値観や個性を理解し，自分との差異を認めつつ受容する。<br>• 卒業後の進路について多面的・多角的に情報を集め，検討する。<br>• 自分の能力・適性を的確に判断し，自らの将来設計に基づいて，高校卒業後の進路について決定する。<br>• 進路実現のために今取り組むべき課題は何かを考え，実行に移す。<br>• 理想と現実との葛藤や経験等を通し，様々な困難を克服するスキルを身に付ける。 |

出所：文部科学省（2011c：26）．

はぐくまれるものと考えられる。「社会参画」とは，よりよい学級・学校生活づくりなど，集団や社会に参画する力及び諸問題を解決しようとする力のことであり，集団の中において，個人が集団へ寄与する中ではぐくまれるものと考えられる。「自己実現」とは，集団の中で，自己の生活の課題を発見し，よりよく改善する力や自己の理解を深め，自己のよさや可能性を生かす力，自己の在り方生き方を考え設計する力のことである。集団の中において，個々人が共通して当面する現在及び将来に関わる問題を考察する中ではぐくまれるものと考えられる。

　このように，特別活動で育成すべき資質・能力の視点は，キャリア発達の課題を考え，個々の児童生徒におけるキャリア発達を理解する観点として示唆的

であり，次節で解説するキャリア発達における学習と評価の一体化の観点として有益である。

## *2* キャリア発達を理解し育てるための方法

### 1. 学習と評価の一体化——ポートフォリオの活用

　前節で見てきたような教育活動を行うためには，児童生徒のキャリア発達及びその課題を節目ごとに把握し次につなげていくことが欠かせない。中央教育審議会（2016）の答申では，児童生徒一人ひとりが，自らの学習状況やキャリア形成を見通したり，振り返ったりできるようにすることの重要性を指摘している。そして，特別活動（学級活動・ホームルーム活動）を中核としつつ，児童生徒がポートフォリオを作成し，自己評価を行う学習活動を適切に位置づけることを提案している。その際，キャリア発達の芽を見いだすべく振り返りを促し，さらに次のステップへの意欲づけを図るべく見通しをもたせるなど，教員が対話的に関わることで，自己評価に関する学習活動を深めていくことが肝要である。この点は，本章第3節の3で解説する日常の教育活動におけるコミュニケーションの重要性とつながるところである。

　学校全体としても，児童生徒が自ら「様々な役割の関係や価値を自ら判断」し，「取捨選択や創造を重ねる」（中央教育審議会 2011）ことができるように，児童生徒のキャリア発達の実態を把握しその課題を明確化し教員間で共通理解を図ること，教科・学年を超えたカリキュラム・マネジメントを実施することなど，組織的・体系的な取組が基盤として必要である。

　国立教育政策研究所の生徒指導・進路指導研究センター（2013）の調査によると，キャリア教育の成果に関する評価，たとえば「アンケートやポートフォリオ等」の実施を全体計画に盛り込んでいる学校の「児童・生徒は自己の生き方や進路を真剣に考えている」という結果が得られている。また，実際に「生徒理解のための個人資料」として「キャリア教育の記録（ポートフォリオ）や成果」を利用している学級・ホームルーム担任の教員も，キャリア教育を通じて「生徒は自己の生き方や進路を真剣に考えている」と手応えを感じているこ

とが示されている。

## 2. キャリア・パスポート

　キャリア発達について，日々の振り返りや，学期，学年ごとの振り返り，積み重ねていく方法は，キャリア・パスポートと呼ばれる。

　文部科学省のキャリア・パスポート導入に向けた調査研究協力者会議（2019）によると，キャリア・パスポートの目的は次のように解説されている。

　　小学校から高等学校を通じて，児童生徒にとっては，自らの学習状況やキャリア形成を見通りしたり，振り返ったりして，自己評価を行うとともに，主体的に学びに向かう力を育み，自己実現につなぐもの。教師にとっては，その記述をもとに対話的にかかわることによって，児童生徒の成長を促し，系統的な指導に資するもの。

　このような目的を踏まえて，同会議では，学習指導要領及び学習指導要領特別活動編解説を踏まえつつ，キャリア・パスポートが次のように定義づけられている。

　　児童生徒が，小学校から高等学校までのキャリア教育に関わる諸活動について，特別活動の学級活動及びホームルーム活動を中心として，各教科等と往還し，自らの学習状況やキャリア形成を見通したり振り返ったりしながら，自身の変容や成長を自己評価できるよう工夫されたポートフォリオのことである。なお，その記述や自己評価の指導にあたっては，教師が対話的に関わり，児童生徒一人一人の目標修正などの改善を支援し，個性を伸ばす指導へとつなげながら，学校，家庭及び地域における学びを自己のキャリア形成に生かそうとする態度を養うよう努めなければならない。

　図7-1・2は，文部科学省（2019）において例示されたものの一部である。

## 中学1年生　　学年初め

記入日　　年　　月　　日

○今の自分を見つめて

| 今の自分（自分の好きなこと・もの、得意なこと・もの、頑張っていることなど） |
| --- |
| 私の自己PR（自分のよいところ） |

| こんな大人になりたい（将来の夢） | そのために、つけたい力 |
| --- | --- |
| | |

○なりたい自分になるために身につけたいこと（目標）と、そのために取り組みたいこと

| 学習面の目標 | そのために |
| --- | --- |
| 生活面の目標 | そのために |
| 家庭・地域での目標 | そのために |
| その他（習い事・資格取得など）の目標 | そのために |

| 先生からのメッセージ | 保護者などからのメッセージ |
| --- | --- |
| | |

**図7-1　キャリア・パスポートの例**

出所：文部科学省（2019）.

## 中学3年生　学年末

記入日　　年　　月　　日

〇この1年間を振り返って

| 自分の気持ちや行動に一番近いところに〇をつけよう | いつもしている | 時々している | あまりしていない | ほとんどしていない |
|---|---|---|---|---|
| ① 友達や家の人の意見を聞く時、その人の考えや気持ちを受け止めようとしましたか。 | | | | |
| ② 相手が理解しやすいように工夫しながら、自分の考えや気持ちを伝えようとしましたか。 | | | | |
| ③ 自分から役割や仕事を見つけ、分担するなど、周りの人と力を合わせて行動しようとしましたか。 | | | | |
| ④ 自分の興味や関心、長所や短所などについて、把握しようとしましたか。 | | | | |
| ⑤ あまりやる気が起きない物事に対する時でも、自分がすべきことには取り組もうとしましたか。 | | | | |
| ⑥ 不得意なことや苦手なことでも、自ら進んで取り組もうとしましたか。 | | | | |
| ⑦ 分からないことやもっと知りたいことがある時、自分から進んで資料や情報を収集しましたか。 | | | | |
| ⑧ 何かをする時、見通しをもって計画的に進めることができましたか。 | | | | |
| ⑨ 何か問題が起きた時、次に同じような問題が起こらないようにするために、何を改善すればよいか考えましたか。 | | | | |
| ⑩ 今学校で学んでいることと自分の将来とのつながりを考えるなど、学ぶことや働くことの意義について考えましたか。 | | | | |
| ⑪ 自分の将来について具体的な目標を立て、その実現のための方法について考えましたか。 | | | | |
| ⑫ 自分の将来の目標に向かって、生活や勉強の仕方を工夫するなど、努力しましたか。 | | | | |

〇この1年間を振り返って、頑張ったこと（成長できたと思うこと）とその理由

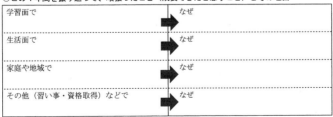

| 学習面で | ➡ なぜ |
|---|---|
| 生活面で | ➡ なぜ |
| 家庭や地域で | ➡ なぜ |
| その他（習い事・資格取得）などで | ➡ なぜ |

図7-2　キャリア・パスポートの例

出所：文部科学省（2019）.

## 3 キャリア・カウンセリングの考え方と進め方

### 1. キャリア・カウンセリングの考え方と進め方

　学校におけるキャリア・カウンセリングについて，文部科学省のキャリア教育の推進に関する総合的調査研究協力者会議報告書（2004）では，次のように述べられている。

> 　子どもたち一人一人の生き方や進路，教科・科目等の選択に関する悩みや迷いなどを受け止め，自己の可能性や適性についての自覚を深めさせたり，適切な情報を提供したりしながら，子どもたちが自らの意志と責任で進路を選択することができるようにするための，個別又はグループ別に行う指導援助である。

　この解説からわかるように，個別の課題に対応するための個別面談は，キャリア・カウンセリングの一面に過ぎない。

　この点，中学校ならびに高等学校の新学習指導要領において，「生徒の発達を支える指導の充実」のために，教育課程の編成及び実施に当たり，いくつかの事項について配慮することを求めている。

　その一つが，「学習や生活の基盤として，教師と生徒との信頼関係及び生徒相互のよりよい人間関係を育てるため，日頃から学級経営（高等学校学習指導要領では「ホームルーム経営」）の充実を図ること。また，主に集団の場面で必要な指導や援助を行うガイダンスと，個々の生徒の多様な実態を踏まえ，一人一人が抱える課題に個別に対応した指導を行うカウンセリングの双方により，生徒の発達を支援すること」である。

　キャリア発達の観点に基づいているならば，すべての児童生徒を対象とした集団での教育活動も，また，学級経営・ホームルームなど日常の学校生活における児童生徒とのコミュニケーションのあり方も，それらはガイダンスの意味を内包した，広義のキャリア・カウンセリングなのである。この意味で，個別対応の面談は，狭義のキャリア・カウンセリングといえよう。

　この点，国立教育政策研究所の生徒指導・進路指導研究センター（2016）の

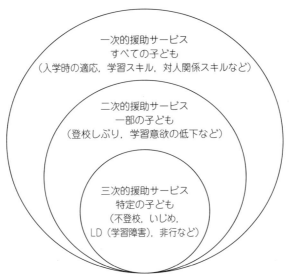

図7-3　3段階の援助サービス，その対象，および問題例
出所：石隈（1999：144）.

パンフレット，「『語る』『語らせる』『語り合わせる』で変える！　キャリア教育——個々のキャリア発達を踏まえた“教師”の働きかけ」があるが，このタイトルは，キャリア教育での学習や体験を意識化し言語化するキャリア・カウンセリングのあり方を示したものといえよう。

　狭義から広義にわたるキャリア・カウンセリングは，心理教育的援助サービスの3段階モデルに基づいて構造的に把握することができよう。石隈（1999）によれば，心理教育的援助サービスとは，一人ひとりの児童生徒の学習面，心理・社会面，進路面，健康面の問題状況の解決および児童生徒の成長を目指した援助活動である。この活動は，3段階の構造から成るものとされている（図7-3）。

　一次的援助サービスは，すべての児童生徒を対象とし，対人関係の円滑化を図ったり，学習意欲を促進するなど開発的な観点を特徴とする。具体的には，ソーシャルスキルトレーニング，構成的グループエンカウンター（本節の4を参照）など，様々な学習方法が考案されている。二次的援助サービスは，様々

な問題の兆候を示す一部の児童生徒を対象とし，問題が深刻化を抑制すべく早期発見・早期対応を図る予防的な観点を特徴とする。そのためには日常の教育活動を通じて折に触れコミュニケーションを図ることが大切であろう。三次的援助サービスは，重大な援助ニーズをもつ特定の児童生徒を対象とした，課題解決的な観点を特徴とする。発達障害や不登校など，進学なり就労に向けて，学校外の関係諸機関との連携が必要になる場合もあろう。

　藤岡（2018）は，キャリア・カウンセリングの諸理論を概観した上で，キャリア・カウンセリングの基本は，児童生徒の職業的自己実現を図ることにあり，一次的援助サービスに該当する発達促進的・開発的なアプローチであると論じている。同時に個別の様々なニーズを抱えている児童生徒への，つまり二次的・三次的援助サービスの必要性を指摘している。

　こうした3段階の心理教育的援助サービスを具体的に展開していくための方法に，石隈・田村（2003）による「援助チームシート」「援助資源チェックシート」がある。このように方法を活用することによって，キャリア・カウンセリング，ひいてはキャリア教育をチームによる取組へと展開することが可能になる（図7-4）。

　これら3段階の心理教育的援助サービスは，広義から狭義まで幅広いキャリア・カウンセリングにも当てはまることである。まず，一次的援助サービスの開発的な観点に基づき，すべての児童生徒のキャリア形成への啓発を目的としたアプローチが考えられる。次に，二次的援助サービスの予防的な観点に基づき，先述のキャリア・ポスポートなどのポートフォリオを活用し，キャリア発達のつまずきが見受けられる一群の児童生徒を早期に発見し，早期に対応することを目的としたアプローチが考えられる。さらに，三次的援助サービスは課題解決的な観点に基づくものであり，個別の援助ニーズがある児童生徒に対し，教育相談と連携して継続的に取り組むアプローチが考えられる。

## 2．スーパーの発達論に基づくキャリア・カウンセリング

　ここでは，狭義のキャリア・カウンセリング，すなわち個別対応の面談について考えてみよう。

【石隈・田村式援助チームシート標準版】　実　施　日：　　年　月　日（　）　時　分～　時　分　第　回
　　　　　　　　　　　　　　　　　　　　次回予定：　　年　月　日（　）　時　分～　時　分　第　回
　　　　　　　　　　　　　　　　　　　　出席者名：

苦戦していること（　　　　　　　　　　　　　　　　　　　　　　　　　　　　　　　　）

| 児童生徒氏名<br>年　組　番<br>担任氏名 | 学習面<br>（学習状況）<br>（学習スタイル）<br>（学力）　など | 心理・社会面<br>（情緒面）<br>（ストレス対処スタイル）<br>（人間関係）　など | 進路面<br>（得意なことや趣味）<br>（将来の夢や計画）<br>（進路希望）　など | 健康面<br>（健康状況）<br>（身体面の様子）　など |
|---|---|---|---|---|
| 情報のまとめ　（A）いいところ　子どもの自助資源 | 得意(好き)な科目・自信があるもの：<br>やりやすい学習方法：<br>学習意欲： | 性格のいいところ：<br>楽しめることやリラックスすること：<br>人とのつきあい方： | 得意なことや趣味：<br>将来の夢や憧れの人<br>役割・ボランティア：<br>進路希望： | 体力や健康状況：<br>健康維持に役立つこと： |
| （B）気になるところ　援助が必要なところ | 成績の状況や学習の様子：<br>苦手・遅れが目立つ科目など：<br>学習意欲： | 性格の気になるところ：<br>気になる行動など：<br>人とのつきあい方： | 目標や希望の有無など：<br>進路情報： | 心配なところ：<br>こだわりや癖：<br>気になる体の症状： |
| （C）してみたこと　今まで行った，あるいは，今行っている援助とその結果 | | | | |
| 援助方針　（D）この時点での目標と援助方針 | 「この子どもにとって必要なこと，大事にしてほしいところ，配慮してほしいこと」等 | | | |
| 援助案　（E）これからの援助で何を行うか | | | | |
| （F）誰が行うか | | | | |
| （G）いつからいつまで行うか | | | | |

図7-4　石隈・田村式　援助チームシート標準版

出所：石隈・田村（2003：33）.

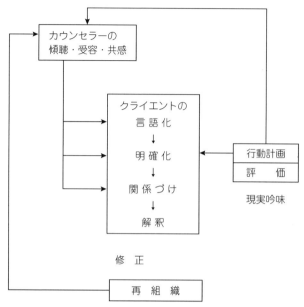

図7-5　螺旋的方式によるキャリア・カウンセリング

出所：藤本（1991：179）を一部改変.

　この点，参考になるのが，スーパーが示している螺旋的方式によるキャリ
ア・カウンセリングである。この方法は，キャリア発達に関する自らの理論に
基づき（本章第1節の1. 参照），児童生徒（クライエント）の自己概念の生成発
展を焦点としている（図7-5）。

　まず，クライエント（児童生徒）が自己概念を言語化，明確化，関係づけ，
そして解釈できるよう，カウンセラー（教師）には，傾聴，受容，共感的な態
度が求められる。スーパーによると，自己概念を明確化するステップでは，
キャリア選択のために行動計画をすることが常である。そして，その行動計画
とは，自己概念と選択するキャリアとのマッチングであると述べられている。
教員と児童生徒が，そのマッチングの妥当性について評価するべく話し合うこ
とによって，自己概念の現実吟味が可能になるのである。

　このように，自己概念の言語化，明確化については，傾聴・受容・共感など
パーソン・センタードのアプローチを取る。その上で，キャリア発達を進める

べく実際に何らかのキャリアを選択したり行動に移すには，明確化された自己概念の現実吟味が必要である。そのために，カウンセラー（教員）は情報を提供するなどしてクライエントに現実的な認識をもたせ，それを自己概念と関係づけ，さらにその解釈を促すなど，指示的に行動計画と評価を進めることになる。こうした現実吟味を経た自己概念をカウンセラー（教員）が傾聴・受容・共感することで，キャリア・カウンセリングを新たなステージへと進展させていくことができるのである（藤本 1991）。

　自己概念の生成発展とキャリア発達を撚り合わせ，循環的にして発展的に漸進を図る考え方は，個別対応の面談形式で行われるキャリア・カウンセリングにとって示唆的である。さらに，サビカスのキャリア構築理論（本章第1節）に基づいてこのモデルを捉え直すことによって，バージョンアップが可能となろう。まず，自己概念の再組織については，現在に至るまでの出来事の意味・価値を見いだし自分らしい将来を創り上げていく，物語的な真実における自己一貫性や未来志向の視点を取り入れることが考えられよう。また，行動計画とその評価による現実吟味についても，社会的な意味や関係性の感覚から吟味して，どのように対処していくべきかを考える視点を取り入れることが重視されよう（サビカス 2015）。

## 3.　日常の教育活動におけるコミュニケーション

　上述の通り，キャリア・カウンセリングというと，進路選択の個別面談という狭義のキャリア・カウンセリングと理解されてしまっている現状がある。その証拠として，国立教育政策研究所の生徒指導・進路指導研究センターによる小学校・中学校・高等学校の学級（ホームルーム）担任教師への調査において，小学校学級担任教師のキャリア・カウンセリングを実施しているとの回答が極端に低かったことが挙げられる（国立教育政策研究所：生徒指導・進路指導研究センター 2013）。この点，これも上述の通り，学校生活の様々な場面におけるコミュニケーションを通じて構築されていく人間関係そのものに，広義のキャリア・カウンセリングの意味が含まれていることを認識すべきであろう。

　こうした広義のキャリア・カウンセリングについて，藤田（2014）は，国立

教育政策研究所・生徒指導研究センター（現在は，生徒指導・進路指導研究センター，2009）のパンフレットを引用し，二つの点を指摘している。一つは，新入学，新学年など，児童生徒が新たな一歩を歩み始める際に，これまでの経験を振り返らせたり，不安を和らげさせるとともに，「今日」と「明日」をつなぎ，今後の学校生活での目標とその根拠，責任と協力などを意識させるよう意図的に支援する対話がキャリア・カウンセリングであるということである。児童生徒に先を見通すまなざしを育て，学習や生活に目的意識とその根拠，責任感と協力関係をもてるようにとの意識を，教師が基盤としてコミュニケーションを図ることにより，日常的な教育活動がキャリア・カウンセリングの機能を含むことになるという点である。もう一つは，先を見通し，今ここですべきことに目的意識とその根拠，責任感と協力関係をもって取り組めるように支援するには，身近に存在しタイミングを逸しないことが大切であり，そのようなコミュニケーションを取れるのは，学級担任などの教員であるということである。

　キャリア発達を促進する効果的なコミュニケーションのあり方について，三川（2018）は，カウンセリングの基盤となるのは人間関係であり，それを整えるためには傾聴，受容，共感などカウンセリングの知識とスキルが重要であることを論じている。そして，適切なコミュニケーションを育成するワークショップの方法を提唱している。

　具体的にまずは，適切なコミュニケーションを妨げる態度と言葉に気づく必要がある。阻害的な態度としては，「無視」「無理解」「無関心」「聞き流し」「先送り」「時期外れ」「あきらめ」を挙げ，これらの態度は傾聴を妨げることを指摘している。また，阻害的なコミュニケーションの言葉としては，受容・共感を妨げる「ても」「でも」「けど」「しかし」など，話の腰を折る言葉を指摘している。これらは，「安易な保証」「気休め」「気持ちの否定」「心配の先取り・先送り」「泣き面に蜂」「的外れ」「追い込み」「正しすぎる意見」と広がり，コミュニケーションのずれを広げてしまうという。さらに，繰り返し，言い換え，感情の反映，そして明確化など効果的な技法を身に付けることの重要性が論じられている。これらは，前節の個別対応の面談という狭義のキャリア・カウンセリングにおいても当てはまることである。

## 4.　グループ・キャリア・カウンセリング

　高橋（2018：10）によれば，グループ・キャリア・カウンセリングとは，「グループが共有するキャリア発達上の目標や課題の達成に向けて，カウンセラー（リーダー）が，共感・尊重・純粋性・具体性を意識した態度で，グループダイナミクスの知見を用いてメンバー間の健全な相互作用を促進するグループ・ファシリテーションを行うことにより，個人の生涯おけるキャリア発達が効果的に機能するように支援することである」。

　このように，グループ・キャリア・カウンセリングには，キャリア・ガイダンス，カウンセリング，グループワークの要素が含まれた複合的な取組である。グループ・キャリア・カウンセリングと各要素との関連は，表7-5に示されている。このように，開発的な観点，予防的な観点，そして課題解決的な観点まで汎用的な方法であり，活用の幅が広い点にその特徴を有している。

　グループ・キャリア・カウンセリングの効果に関する様々な研究（先述のスーパーの理論を基礎としたものも多い）を踏まえて，自己理解，対人態度，進路やキャリアに対する自己効力感，そして達成動機や職務満足の向上が確認されている。また，キャリアや将来に対する不安の低減も確認されている。さらに，フォローアップがこれらの効果を維持するために必要なことも示されている（高橋 2018）。

　確かに，グループ・キャリア・カウンセリングの効果を決定するのはカウンセラーの資質・力量だけではないが，大きな要因であることは間違いないだろう。グループ・キャリア・カウンセリングのカウンセラーに必要なコンピテンシーとして，グループワークの歴史・各種理論，グループについての知識（グループのタイプやグループの発達），グループ・ダイナミクス（リーダーシップのスタイル，スキル，機能），グループの運営方法（リードの仕方，グループの強化，メンバーが取る役割タイプと抵抗への対応，グループの準備とメンテナンスと終結，リーダーとグループの評価），グループワークの倫理などがある。これらを学習し，体験し，実践に移すことができるように，ワークショップなど各種の研修を受けることが必要である（高橋 2018）。

　グループ・キャリア・カウンセリングの考え方について解説してきたが，学

表7-5　グループワークの分類とグループ・キャリア・カウンセリング

| | タイプ | ゴール | リーダーの役割 | 人数 | 例 |
|---|---|---|---|---|---|
| グループ・キャリア・カウンセリング | タスクグループ | 特定の測定可能なゴール確立されたプロセスの効率改善 | アジェンダと目標の設定を容易にするグループを設定した目標の達成に導くグループの集中力を維持させる組織の診断や評価を提供できる | 12～15名 | 任意の委員会ほとんどのミーティング（職員会議など） |
| | 心理教育グループ | 特定のスキル不足の是正 | 能力不足を特定し，不足に対処するカリキュラムを設定する新しい情報を伝え，新しいスキルを習得できるようにする | 12～18名※これ以上だと実施が困難 | 子育てグループ生活スキルグループDV予防グループ |
| | カウンセリング・グループ | 予防，個人的成長，対人関係と自己の気づき | 対人関係と自己のパターンを照らすための今ここでの相互作用を促す | 8～12名 | 任意のプロセスや自己成長グループ（ただし，スキル不足に焦点を当てない） |
| | 精神治療グループ | 深い心理的な障害や治療 | 問題あるパーソナリティのパターンを探索し再構築する | 8～10名 | 精神科や外来診療機関に属しているほとんどのグループ |

出所：高橋（2018：15）.

校教育においては，教育活動に即した内容や方法などの進め方を考える必要がある。この点，國分（1997a, 1997b, 1999）によれば，キャリア・カウンセリングは「育てるカウンセリング」の代表例であり，構成的グループエンカウンター（structured group encounter）の手法を応用した，実践事例を紹介している。構成的グループエンカウンターでは，学校における教育活動に即して，様々なエクササイズが開発されている。これらは，開発的な観点からのグループ・キャリア・カウンセリングといってよいだろう。

　例を挙げると，中学校における職場体験と関連づけて，同じ職場体験をする生徒のグループを設定して，これから訪問する職場への関心・意欲を高め相互

のリレーション作りを図るエクササイズ，また職場体験で知り得た地域の職場で働く人々の様子について，各生徒の考え方や感じ方の違いに気づくことをねらいとするエクササイズがある。また，進学に向けて，選択基準の明確化を図るために対極的な高校を想定してどちらを選択するかを考えることにより，自己理解，他者理解を深めるエクササイズがある。道徳科の授業内容と関連づけて，一人ひとりのよさを発見しそれを生かす進路を考え合うエクササイズ，特別活動なり総合的な学習の時間の内容と関連づけて，ライフ・キャリアを考え合うエクササイズなど多種にわたる。

**学習課題**

1. 表7-1・2・3・4を見て，自身のキャリア発達の過程や課題を振り返ってみよう。
2. 日常の教育活動におけるコミュニケーションも，教師の意図によって，キャリア・カウンセリングの意味をもつことができる。一つの例として係活動・当番活動の場面を想定し，児童生徒のどのような姿に対して，どのような働きかけ・言葉掛けがあてはまるか考えてみよう。

**引用・参考文献**

石隈利紀（1999）『学校心理学——教師・スクールカウンセラー・保護者のチームによる心理教育的援助サービス』誠信書房.

石隈利紀・田村節子（2003）『石隈・田村式援助シートによるチーム援助入門——学校心理学・実践編』図書文化.

國分康孝編著（1997a）『子どもの心を育てるカウンセリング』学事出版.

國分康孝監修，國分久子・片野智治編集（1997b）『エンカウンターで学級が変わる　Part 2 中学校編』図書文化.

國分康孝監修，大関・藤川・吉澤・國分編集（1999）『エンカウンターで学級が変わる　Part 3 中学校編』図書文化.

国立教育政策研究所：生徒指導・進路指導研究センター（2009）「自分に気付き，未来を築くキャリア教育——小学校におけるキャリア教育推進のために」（パンフレット）.

国立教育政策研究所：生徒指導・進路指導研究センター（2013）「キャリア教育・進

　　路指導に関する総合的実態調査　第一次報告書」.

国立教育政策研究所：生徒指導・進路指導研究センター（2018）「キャリア・パスポートって何だろう？」（リーフレット）.

国立教育政策研究所：生徒指導・進路指導研究センター（2016）「『語る』『語らせる』『語り合わせる』で変える！　キャリア教育——個々のキャリア発達を踏まえた"教師"の働きかけ」（リーフレット）.

サビカス，M. L.，日本キャリア開発センター監訳，乙須敏紀訳（2015）『サビカス　キャリア・カウンセリング理論』福村出版.

高橋浩（2018）「グループ・キャリア・カウンセリングの概要」渡部昌平（編著）『グループ・キャリア・カウンセリング——効果的なキャリア教育・キャリア研修に向けて』金子書房，2-37.

中央教育審議会（2011）「今後の学校におけるキャリア教育・職業教育の在り方について（答申）」.

中央教育審議会（2016）「幼稚園，小学校，中学校，高等学校及び特別支援学校の学習指導要領等の改善及び必要な方策等について（答申）」.

藤岡秀樹（2018）「キャリア・カウンセリングとキャリア発達理論——現状と課題」『京都教育大学紀要』，132：47-61.

藤田晃之（2014）『キャリア教育基礎論——正しい理解と実践のために』実業之日本社.

藤本喜八（1991）『進路指導論』恒星社厚生閣.

堀越弘・道谷里英（2018）「マーク・サビカス　キャリア構築理論」渡辺三枝子『新版　キャリアの心理学——キャリア支援への発達的アプローチ』ナカニシヤ出版，85-109.

三川俊樹（2018）「一人一人のキャリア発達を支援するキャリア教育実践の在り方」吉田武男監修，藤田晃之編著『キャリア教育』ミネルヴァ書房，147-162.

文部科学省：キャリア教育の推進に関する総合的調査研究協力者会議（2004）「キャリア教育の推進に関する総合的調査研究協力者会議報告書～児童生徒一人一人の勤労観，職業観を育てるために～」.

文部科学省（2011a）「小学校キャリア教育の手引き〈改訂版〉」.

文部科学省（2011b）「中学校キャリア教育の手引き」.

文部科学省（2011c）「高等学校キャリア教育の手引き」.

文部科学省：「キャリア・パスポート」導入に向けた調査研究協力者会議（2019）「第3回配付資料」.

渡辺三枝子（2018）『新版　キャリアの心理学——キャリア支援への発達的アプローチ』ナカニシヤ出版.

（吉川成司）

# 人名索引

# 事項索引

## 執筆者紹介

**編著者**（執筆担当）

長島 明純（ながしま・あきすみ）　第4章1〜9節

　　1956年　京都府に生まれる
　　1989年　兵庫教育大学大学院学校教育研究科学校教育専攻修士課程修了
　　現　在　創価大学教職大学院講師（非常勤）（修士（学校教育学）・臨床心理士）
　　主　著
　　『学校カウンセリングの理論と実践』（共著，ナカニシヤ出版，2007年）
　　『グラフィック学校臨床心理学』（共著，サイエンス社，2010年）
　　『グループ・アプローチで学級の人間関係がもっとよくなる』（共著，学事出版，2012
　　　年）
　　『生徒・進路指導論』（共著，創価大学通信教育部，2013年）
　　『はじめて学ぶ教育心理学』［第2版］（共著，ミネルヴァ書房，2016年）


**分担執筆者**（執筆順，執筆担当）

吉 川 成 司（よしかわ・せいじ）創価大学教職大学院教授　第1章，第7章

大久保敏昭（おおくぼ・としあき）創価大学教職大学院准教授　第2章，第3章，
　　　　　　　　　　　　　　　　　　　　　　　　　　　　　　第4章10節

宮 崎　猛（みやざき・たけし）創価大学教職大学院教授　第5章，第6章

はじめて学ぶ生徒指導とキャリア教育［第2版］

| 2020年3月10日　初　版第1刷発行 | 〈検印省略〉 |
| 2024年3月20日　第2版第1刷発行 | |

定価はカバーに
表示しています

| 編 著 者 | 長 島 明 純 |
| 発 行 者 | 杉 田 啓 三 |
| 印 刷 者 | 坂 本 喜 杏 |

発行所　株式会社　ミネルヴァ書房
607-8494　京都市山科区日ノ岡堤谷町1
電話代表　(075)581-5191
振替口座　01020-0-8076

Ⓒ長島ほか，2024　　冨山房インターナショナル・吉田三誠堂製本

ISBN 978-4-623-09738-8

Printed in Japan

# 生徒指導提要　改訂の解説とポイント
　──積極的な生徒指導を目指して
　　　　　　　　　　　　　　　　　中村　豊編著　Ａ５判　240頁　本体2400円
　●12年ぶりに改訂された生徒指導提要。その改訂の背景や課題対応のポイントについて，具体的な事例を交えながら，わかりやすく解説した。

# 不登校の理解と支援のためのハンドブック
　──多様な学びの場を保障するために
　　　　　　　　　　　　　　　　　伊藤美奈子編著　Ａ５判　312頁　本体2600円
　●不登校の最新の現状を校種別・領域別に紹介，どのような取り組みが効果的であるのか支援の現場からの報告を加えたハンドブック。支援のワンポイントや現代社会で注目されるテーマを扱う豊富なコラムも掲載。

# 社会性と情動の学習（SEL-8S）の導入と実践
　　　　　　　　　　　　　　　　　小泉令三著　Ｂ５判　192頁　本体2400円
　●子どもたちが現代社会をよりよく生きるために必要な人間関係能力を育む新しい心理教育プログラム（SEL-8S）。本書では，SEL-8S学習プログラムの基本的な考え方，導入・展開方法，評価方法，日本での実践例とその効果についてまとめた。

# 社会性と情動の学習（SEL-8S）の進め方
　──小学校編
　　　　　　　　　　　　　　小泉令三・山田洋平著　Ｂ５判　360頁　本体2400円

# 社会性と情動の学習（SEL-8S）の進め方
　──中学校編
　　　　　　　　　　　　　　小泉令三・山田洋平著　Ｂ５判　248頁　本体2400円

# 高校生のための社会性と情動の学習（SEL-8C）
　──キャリア発達のための学習プログラム
　　　　　　　　　　　小泉令三・伊藤衣里子・山田洋平著　Ｂ５判　248頁　本体2400円

# 教師のための社会性と情動の学習（SEL-8T）
　──人との豊かなかかわりを築く14のテーマ
　　　　　　　　　　　小泉令三・山田洋平・大坪靖直著　Ｂ５判　216頁　本体2600円

──────── ミネルヴァ書房 ────────

https://www.minervashobo.co.jp/